이사야서 쉽게 읽기

THE BOOK OF ISAIAH

이사야서
쉽게읽기

안소근 지음

성서와함께

차례

들어가며

"이사야 예언자의 두루마리"(루카 4,17) _09

I 이사야 예언서 제1부

01 "아모츠의 아들 이사야"(1,1) _23

02 "유다와 예루살렘에 관하여 본 환시"(1,1) _33

03 "세월이 흐른 뒤에"(2,2) _43

04 "그 그루터기는 거룩한 씨앗이다"(6,13) _53

05 _ "예루살렘을 치러 올라왔지만"(7,1) _63

06 _ "임마누엘"(7,14) _74

07 _ "우리에게 한 아기가 태어났고"(9,5) _84

08 _ "내 백성 이집트야, 내 손의 작품 아시리아야,

　　　내 소유 이스라엘아!"(19,25) _93

09 _ "주님인 나는 이 포도밭을 지키는 이"(27,3) _103

10 _ "불행하여라!"(28,1) _113

11 _ "아시리아 임금 산헤립이 유다의 모든 요새 성읍

　　　으로 올라와서"(36,1) _123

12 _ "이스라엘의 거룩하신 분"(10,20) _133

II 이사야 예언서 제2부

13 "복역 기간이 끝나고"(40,2) _145

14 "위로하여라"(40,1) _155

15 "여기에 나의 종이 있다"(42,1) _165

16 "나는 너를 민족들의 빛으로 세운다"(49,6) _174

17 "보라, 나의 종은 성공을 거두리라"(52,13) _183

18 "주님은 영원하신 하느님

  땅끝까지 창조하신 분이시다"(40,28) _193

III 이사야 예언서 제3부

19 "너희 죄악이 너희와 너희 하느님 사이를 갈라놓았고"(59,2) _205

20 "주님을 따르는 이방인"(56,3) _214

21 "내가 좋아하는 단식은"(58,6) _223

22 "일어나 비추어라. 너의 빛이 왔다"(60,1) _232

나가며

"오늘 이 성경 말씀이 너희가 듣는 가운데에서 이루어졌다"(루카 4,21) _241

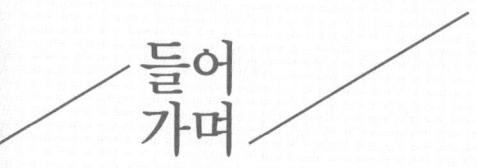

"이사야 예언자의 두루마리"(루카 4,17)

"성경 전체에 나오는 모든 것과 인간의 혀가 말할 수 있는 모든 것, 그리고 인간의 이해력이 받아들일 수 있는 모든 것이 이 책에 담겨 있습니다." 위대한 성서학자였던 성 예로니모가 《이사야서 주해》 서문에서 이사야서에 대해 한 말입니다.

방대한 책, 이사야서

이사야서는 전체가 66장에 이르는, 섣불리 다가가기 두려울 만큼 방대한 책입니다. 그래서 성 예로니모는, "내가 주님의 모든 신비를 포함하는 이 성경 책의 내용을 몇 마디 말로 다 취급하려 한다고 생각해서는 안 됩니다"(《이사야서 주해》 서문)

라고 말합니다. 이사야서는 분량만 많은 것이 아니라 오랜 기간에 걸쳐 형성된 책이기에, 이스라엘 역사에서 중요한 사건들을 증언합니다. 신학적으로도 큰 비중을 차지하고 있으며, 구약성경에서의 중요성은 물론이고 신약성경에 미친 영향도 지대합니다. 마태오 복음 1장을 비롯하여 신약의 여러 곳에서 이사야서를 인용하고 있습니다. 그러니 구약이든 신약이든 성경을 공부하려면 이사야서는 피해갈 수 없습니다.

호랑이를 잡으려면 호랑이 굴로 들어가라고 했지요. 이 큰 책 하나를 공부하는 것이 성경을 이해하는 지름길이 될 수도 있습니다. 특히, 구약의 여러 예언서 가운데 한 권만 공부하려 한다면 가장 좋은 방법은 이사야서를 공부하는 것이 아닐까 싶습니다. 그것은 무엇보다도 이사야서라는 책이 유배 전, 유배 중, 유배 후의 세 시기를 거치면서 형성되어 각 시대 예언의 특징을 모두 보여 주고 있기 때문입니다.

어떻게 그럴 수 있었을까요? 바빌론 유배 기간이 오십 년입니다(기원전 587-538년). 한 사람이 유배 전부터 유배 후까지 활동했으리라고 생각하기는 어렵습니다. 더구나 이사야가 예언자로 부르심을 받은 때가 우찌야 임금이 죽던 해, 곧 기원전 740년경이라고 한다면(이사 6,1 참조), 그가 유배 후까지 살았을 리가 없습니다. 결국 이 책은 한 사람이 쓴 것이 아니라는 뜻입니다. 적어도 이 책의 뒷부분은, 처음의 저자가 아닌 다른 사람이 첨가한 것입니다.

그런데 전통적으로는 한 사람이 이 책을 모두 썼다고 생각했습니다. 예를 들어 마태오 복음에서 이사 40,3과 이사 53,4을, 루카 복음에서 이사 61,1을 인용하면서 그것을 '이사야 예언자의 말'이라고 합니다. 이사야 예언자의 글과 후대에 첨가된 부분을 구분하지 않고, 모두 이사야가 썼다고 여긴 것이지요. 이러한 견해가 18세기까지 정설이었습니다. 물론 예외는 있습니다. 유다교에 속하는 이븐 에즈라(Ibn Ezra, 11세기)나 바룩 스피노자(Baruch Spinoza, 17세기)가 이 책이 한 사람에 의해 작성된 것이 아니라는 견해를 내놓았지만, 그것은 어디까지나 극소수의 예외적인 주장이었습니다. 일반적으로는 이사야서 66장 전체가 "아모츠의 아들 이사야가 유다 임금 우찌야, 요탐, 아하즈, 히즈키야 시대에"(이사 1,1) 쓴 것이라고 여겼습니다. 그렇다면 이사야서 전체가 기원전 8세기를 배경으로 하는 셈이 됩니다.

이사야서의 세 부분

하지만 19세기에 이르러서는 이 책이 한 사람에 의해 작성된 것이 아니라는 견해가 점점 강해졌습니다. 무엇보다 문제가 되는 것은 시대 배경이었습니다.

이사야서 39장에는 히즈키야가 병에 걸렸다가 나았을 때 바빌론에서 사절들이 찾아온 이야기가 나옵니다(39,1-8). 그들이 다녀간 후 이사야는 히즈키야를 만나, 히즈키야가 사절들에게 보여 준 왕궁의 모든 기물을 바빌론에게 빼앗기게 될 것임을 선고합니다. "보라, 네 궁궐 안에 있는 모든 것과 네 조상들이 오늘날까지 쌓아 온 것들이 바빌론으로 옮겨져, 하나도 남지 않을 날이 다가오고 있다"(39,6). 유다 왕국의 멸망을 예고한 것이지요. 그런데 여기에서 이야기가 뚝 끊어집니다. 히즈키야에게 내린 하느님의 선고가 실현되었다는 말이 없습니다. 히즈키야 이후의 다른 임금들에 대해서도 언급하지 않고, 이사야도 더 이상 등장하지 않습니다.

이렇게 중간을 건너뛴 다음, 40장에서는 갑자기 어조가 밝아지면서 "위로하여라, 위로하여라, 나의 백성을"(40,1)이라는 말로 유배에서 해방될 때가 되었음을 알립니다. 왕국이 무너지기까지의 역사와 유배 초기에 대한 내용은 없습니다. 쉽게 말하면, 유배를 갔다는 말이 없는데 유배에서 돌아옵니다. 39장과 40장 사이에 백오십 년 이상 시대 격차가 있기 때문입니다. 또한 39장까지 유다 왕국을 위협하는 외세는 아시리아인데, 40장부터는 아시리아가 아닌 바빌론이 문제가 됩니다. 바빌론을 무너뜨린 페르시아 임금 키루스의 이름이 정확하게 언급되기도 합니다(44,28; 45,1). 키루스는 기원전 6세기 후반의 인물입니다. 기원전 8세기에 살았던 예언자가 그의 이름까지 기록했을 가능성은 희박합니다. 그래서 1-39장과 40-66장은 각각 다른 시대에 작성되었다는 이론이 자리를 잡게 되었습니다.

그런데 좀 더 자세히 살펴보면, 40-66장 안에서도 다시 두 부분을 나누어 볼 수 있습니다. 이 부분에서도 서로 다른 시대와 장소가 나오기 때문입니다. 40-55장은 바빌론을 떠나 고국으로 돌아가는 이야기를 주로 하는 반면, 56-66장에서는 이미 이스라엘 땅에 돌아와 있는 것으로 보이기 때문입니다. 56장 이후로는 시온의 재건에 대해 말하고 있고, 바빌론보다는 유배에서 돌아온 귀환민 공동체의 내부 문제들이 주제로 다루어집니다. 실상 바빌론은 이미 멸망했고, 당시의 대제국은 페르시아였습니다. 이렇게 해서 이사야서는 세 부분으로 구분됩니다.

지금은 이사야서를 세 부분으로 나누는 견해를 거의 모든 이가 받아들이기 때문에, 우리말 《성경》에도 1장 첫머리에 "이사야 예언서 제1부", 40장에 "이사야 예언서 제2부", 56장에 "이사야 예언서 제3부"라고 표시되어 있습니다. 이사야 예언서 제1부인 1-39장은 기원전 8세기, 제2부 40-55장은 유배 중, 제3부 56-66장은 유배 후에 작성되었다고 봅니다. 그러나 조심해야 할 점은 있습니다. 앞부분에도 늦은 시기에 만들어진 본문이 삽입되어 있기 때문입니다. 대표적인 예로 24-27장의 경우는, 이사야 예언서 제1부에 속해 있지만 제2부보다도 늦은 시기의 것으로 앞쪽에 끼어들어 온 것입니다. 그러니 단순히 몇 장이라는 것만 보고 시대를 단정 지을 수는 없습니다.

이사야서 세 부분의 특징을 요약해 보면 다음과 같습니다.

	본문	시대	당시의 강대국
제1부	1-39장	기원전 8세기	아시리아
제2부	40-55장	유배 중 (기원전 6세기 후반)	바빌론
제3부	56-66장	유배 후	페르시아

후대의 편집자들과 성령의 영감

이사야서가 모두 이사야가 쓴 것이 아니라는 사실이 당황스러우신지요? 학자들이 처음 이러한 주장을 내놓았을 때, 교회도 당황스러워했습니다. 특히 20세기 초에 교회는 근대주의의 영향으로 이성적인 학문의 도구들을 활용하여 신앙을 파헤치는 것을 경계했습니다. 나날이 발전하고 있던 성경 연구에 대해서도 교회의 입장은 상당히 조심스러웠습니다. 오경을 모세가 쓴 것이 아니고, 이사야서도 전체를 이사야가 쓴 것은 아니라는 주장들이 나올 때, 교회는 이 주장들이 지금까지 신자들이 지녀 온 믿음을 위협할 수 있다고 느꼈습니다.

그러한 맥락에서 교황청 성서위원회는 1908년에 이사야서의 저자가 한 사람이 아니라는 주장의 근거가 불충분하다고 선언기도 했습니다. 하지만 1940년대 이후로는 이사야서의 세 저자 이론을 거의 정설로 받아들이지요. 그렇다면 여기서 우리는, 왜 후대 사람들이 이사야 예언자의 책에 손을 대었는가를 이해해야 할 것입니다.

처음에는 "아모츠의 아들 이사야"(이사 1,1)라는 인물에게서 이사야서가 시작되었을 것입니다. 그 책에는 하느님의 말씀이 기록되어 있었고, 그것은 살아 있고 힘이 있는 말씀이었습니다(히브 4,12 참조). 그런데 시간이 흘렀습니다. 시대가 달라졌고 이스라엘 백성이 처해 있는 상황도 달라졌습니다. 과거에 이사야 예언자가 예고했던 심판은 이미 이루어졌고, 유다 왕국은 멸망했습니다. 그러면 이제, 이사야 예언자가 기록했던 말씀은 어떻게 될까요? 이백 년 전에 선포된 말씀을 흠 없이 보존하면 그것으로 전부일까요?

후대의 편집자들은 그렇게 생각하지 않았습니다. 하느님의 말씀이 살아 있다면, 이백 년 전 아모츠의 아들 이사야 시대에만 살아 있었던 것이 아니라 지금 그들의 시대에도 살아 있다면, 그 말씀은 지금도 의미 있는 말씀으로 울려 퍼져야 한다고 생각했습니다. 그래서 그들은, 과거에 예언자가 선포한 말씀을 그들의 시대에서 새롭게 해석했습니다.

이 모든 작업은 성령의 영감 아래 이루어졌습니다. 예언서에서 성령의 영감은 예언자가 직접 자신의 입으로 한 말에만 작용한 것이 아닙니다. 〈계시 헌장〉 11항은 다음과 같이 말합니다. "거룩한 어머니인 교회는 사도의 신앙에 따라 구약과 신약의 <u>모든 책을 그 각 부분과 함께 전체를</u> 거룩한 것으로, 또 정경으로 여긴다. 그 이유는 이 책들이 성령의 감도로 기록된 것이고, 하느님께서 저자이시며, 또 그렇게 교회에 전달되었기 때문이다." 성경의 여러 책에서 저자 문제와 경전성 문제는 별개입니다. 복음서에서 예수님께서 직접 하신 말씀만, 서간들 가운데 바오로 사도가 직접 쓴 것만 성령의 감도로 기록된 성경인 것이 아니지요. 예언서도 마찬가지입니다. 이사야 예언자가 직접 말한 것이든, 후대에 다른 사람이 쓴 부분이든, 성령의 영감 아래 쓰였다는 점에서는 차이가 없습니다. 성령의 영감은 이사야라는 한 사람에게만 한정되지 않기 때문입니다. 살아 있는 하느님의 말씀이 이사야를 통하여 이 세상에 들어오고, 그 말씀이 지닌 생명력은 여러 세기를 거치면서 자라납니다. 씨앗처럼 뿌려진 하느님의 말씀이 자라나 나무가 된 것이 지금 우리 앞에 있는 이사야서입니다.

이사야서는 오랜 시간 그 과정을 거치며 풍요로워졌습니다. 그리고 이사야서라는 책이 완성된 후에도, 특히 신약성경을 통해 다시 새롭게 해석되면서 더욱 충만한 의미를 지니게 되었습니다. 그래서 성 예로니모는《이사야서 주해》서문에서 이렇게 말합니다. "이사야서에는 주님이 동정녀에게서 탄생하신 임마누엘로, 여러 놀라운 일과 기적들을 행하시고 죽으시고 묻히셨으며 부활하신 분으로, 그리고 만백성의 구세주로 예언되어 있습니다." 이사야서와 신약성경의 관계는 본문들을 읽어 가면서, 그리고 이 책을 끝맺는 부분에서 다시 짚어보겠지만, 이사야 예언서는 1부, 2부, 3부로 확장되고 다시 신약성경에 연결됨으로써 점점 더 깊은 의미를 지니게 됩니다. 이사야서는 오랜 세월을 거치면서 땅 속에서 층층이 만들어진 광산과 같습니다. 이제 그 광산의 입구에 발을 들여놓아 봅시다.

성 예로니모의 《이사야서 주해》 서문은, 성무일도에서 성 예로니모 사제 학자 기념일(9월 30일) 독서기도의 제2독서로 사용됩니다. 성무일도 제4권 1451-1453쪽에서 그 일부를 읽어 볼 수 있는데, 여기에 "성서를 모르는 것은 그리스도를 모르는 것입니다"라는 유명한 문장이 들어 있습니다. 매우 아름다운 글입니다.

이사야 예언서

제1부

01

"아모츠의 아들 이사야"(1,1)

요즘 나온 책들은 대개 겉장을 들추어 보면 저자 소개가 나옵니다. 하지만 이사야서에는 이사야에 대한 소개가 없습니다. 추리소설을 읽듯이 이사야서의 본문을 읽으면서 정보를 찾아내고 저자가 어떤 사람인지를 추측해 갈 수 있을 뿐입니다. 그 첫 번째 정보가 이사야서 첫 구절에 있습니다.

이사야는 누구인가?

이사 1,1에서는 이 책과 그 저자를 이렇게 소개합니다. "아모츠의 아들 이사야가 유다의 임금 우찌야, 요탐, 아하즈, 히즈키야 시대에 유다와 예루살렘에 관하여 본 환시."

그러나 여기 나오는 "아모츠의 아들"이라는 말은 우리에게 아무 도움이 되지 않습니다. "요한의 아들 시몬"(요한 21,15)과 같은 식으로 누구의 아들, 누구의 손자라는 표현이 성경에서 어떤 사람을 구별하는 데에 많이 사용되기는 하지만, 꼭 그 아버지가 유명한 인물이어서 그런 것은 아닙니다.

이어서 그가 예언자로 활동한 때가 "우찌야, 요탐, 아하즈, 히즈키야 시대"라고 말합니다. 이때가 기원전 8세기입니다. 언제 태어났는지는 알 수 없고, 예언자로 활동한 시기만 대략 알아볼 수 있습니다. 6장에서 말하듯이 그가 "우찌야 임금이 죽던 해에" 부르심을 받았다면 그것은 기원전 740년경의 일이고, 36-37장에 기록되어 있는 산헤립의 침공은 기원전 701년에 벌어진 사건입니다. 38-39장에서 히즈키야 시대의 일이 조금 더 소개된 후 이사야에 대한 기록이 끝나는 것을 보면, 이사야는 그 무렵까지 예언자로 활동했던 것으로 보입니다.

> 여기에 언급된 임금들의 연대는 복잡합니다. 정식으로 왕위에 오르기 전에 선왕의 질병 등으로 인하여 섭정을 한 경우가 있기 때문입니다. 《주석 성경》에 따르면 그 기간은 다음과 같습니다(연도는 기원전).
>
> - 우찌야   781-740년 재위
> - 요탐   750년 집정, 740-735년 재위
> - 아하즈   735-716년? 재위
> - 히즈키야   728년경 집정, 716-687년 재위

본문은 이사야 예언자가 어디에서 태어났고 어떤 배경 출신인지에 대해서도 명확하게 말하지 않습니다. 이사야서의 내용과 문체를 통해 추정해 본다면, 이사야 예언자는 상당한 교육을 받은 고위층이었던 것 같습니다. 그는 임금이나 대신들을 어렵지 않게 만납니다(7,3; 37,2 등). 길을 가다가 임금과 만나서 이야기하는 것, 아무나 할 수 있는 일은 아니지요. 이

책에서 신학적으로 예루살렘을 중시하고 하느님께서 다윗을 선택하셨음을 강조하는 것을 보더라도, 이사야는 예루살렘 귀족 출신으로 짐작됩니다. 그는 결혼을 했고 적어도 두 명의 아들이 있었습니다(7,3; 8,3).

활동 연대에 관하여 조금 더 이야기를 한다면, 그가 예언자로 부르심을 받은 때가 정확히 언제인지에 관해서 문제가 없는 것은 아닙니다. 6,1은 "우찌야 임금이 죽던 해"인 기원전 740년에 그가 부르심을 받았다고 말합니다. 그렇다면 1,1에서 말한 바와는 달리 우찌야 임금 때에는 활동을 했을 수가 없습니다. 그것이 아니라면 6장이 처음 예언자로 부르심을 받는 장면이 아니고, 그 이전에 이사야가 이미 활동을 시작했어야 합니다. 이런저런 추측을 해 볼 뿐, 더 이상은 단정 지어 말할 수가 없습니다. 어떤 경우이든, 이사야서에 기록된 말씀들 가운데 확실하게 우찌야 시대의 것으로 알아볼 수 있는 말씀은 없습니다. 이사야 예언서 제1부에 주로 등장하는 임금들은 아하즈와 히즈키야이고, 이사야가 정치적 문제들에 대해 발언하고 개입한 때도 주로 이 시기입니다.

아시리아의 세력 확장

기원전 740년부터 사십 년간, 이사야 예언자가 주로 활동했던 이 시대의 상황은 한 단어로 요약할 수 있습니다. 바로 '아시리아'입니다. 이제 본문들을 읽다 보면 이런저런 전쟁이 나오고 그런저런 나라와 인물이 등장하겠지만(그리고 그때마다 역사적 배경을 좀 더 세부적으로 살펴보겠지만), 이사야 예언자에게뿐만 아니라 기원전 8세기의 북 왕국 이스라엘과 남 왕국 유다에게도 모든 문제의 근원은 아시리아입니다. 주변의 다른 나라들에서도 마찬가지였습니다. 나날이 팽창하고 있던 아시리아의 세력이 얼마나 커졌느냐에 따라 국제 정세가 변해 갑니다. 이사야가 활동을 시작하기 전인 기원전 745년경에 아시리아에서는 티글랏 필에세르 3세가 왕위에 오릅니다. 그는 강력한 군주였고, 이십 년 동안 왕위에 있으면서 무엇보다도 팽창 정책을 추진했습니다.

북 왕국 이스라엘과 남 왕국 유다 가운데, 먼저 아시리아의 영향을 받은 나라는 북 왕국 이스라엘입니다. 위협을 느낀 이스라엘은 아람(시리아)과 함께 동맹을 맺어 아시리아에 맞서려 하지만 역부족입니다. 유다 임금이었던 아하즈는 여기에 동조하지 않습니다. 그러자 아람과 이스라엘은 유다를 공격하지만(7,1-9 참조), 유다는 오히려 아시리아의 손을 잡으려 합니다. 이에 아시리아는 아람을 멸망시키고 북 왕국 이스라엘도 공격합니다. 히즈키야 시대에는 아시리아가 북 왕국 이스라엘을 멸망시키기에 이릅니다(기원전 722년). 하지만, 아시리아의 도움을 받은 남 왕국 유다도 아시리아에 종속되지 않을 수 없습니다. 그리고 유다가 고분고분히 아시리아를 섬기려 하지 않자, 아시리아는 결국 유다를 공격합니다. 기원전 701년에 유다를 침공한 산헤립은, 예루살렘은 함락시키지 못했으나 예루살렘을 제외한 온 땅을 쑥밭으로 만들어 놓습니다. 이사야의 마지막 활동은 이 시기를 배경으로 기록되어 있습니다.

이사야 예언서 제1부의 내용

이 시기에 이사야가 전한 말씀이 기록되어 있는 이사야 예언서 제1부는 다시 몇 부분으로 나눌 수 있습니다. 《주석 성경》

을 참조하여 대략 다음과 같이 나누어 놓고 시작해 봅니다.

1–12장	이스라엘과 유다에 관한 예언들
13–23장	이민족들에 대한 신탁들
24–27장	소위 '이사야의 묵시록'
28–33장	이스라엘과 유다에 대한 약속과 위협을 담은 신탁들
34–35장	또 다른 묵시록적 단편들
36–39장	산헤립 침공 당시 이사야의 활동

그러나 조심해야 할 점이 있습니다. 1–39장이라고 해서 모두 아모츠의 아들 이사야가 선포한 말씀이 아니라는 사실입니다. 이 부분에도 나중에 덧붙여진 내용이 적지 않기 때문입니다. 예를 들면, 24–27장과 34–35장은 기원전 8세기의 것이 아니고 분명 더 늦은 시기에 삽입된 부분입니다. 실제 이사야 예언자와 연관된 부분이 많다고 여겨지는 것은 주로 1–12장입니다. 이 부분은 자주 멈추어 가며 천천히 읽을 것입니다. 중요한 본문이 많기 때문입니다.

13–23장에 나오는 다른 민족들에 대한 심판에도 서로 다른 시기의 본문들이 섞여 있습니다. 예를 들면, 주로 아시리

아에 대한 심판을 선고하던 본문에 바빌론의 심판을 예고하는 본문들이 후대에 덧붙여졌습니다. 이 부분에서는 하느님의 통치와 심판이 이스라엘과 유다에만 국한된 것이 아님을 볼 수 있습니다.

이어지는 24-27장은 13-23장과 구분됩니다. 특정한 나라들이 아니라 온 땅에 대한 심판을 선고하기 때문입니다. 이사야가 쓴 것도 아니고 엄밀히 말하면 묵시록도 아니지만, 온 세상에 대한 종말의 심판을 예고한다는 점 때문에 '이사야의 묵시록'이라 일컬어지기도 합니다.

28-33장의 특징은 불행 선언입니다. 어떤 사람들이 불행하다고 선언한다면 그것은 결국 심판 선고이지요. 그리고 34-35장은 다시 종말을 이야기합니다. 심판만을 이야기하는 것은 아닙니다. 놀라운 미래를 그려 보이기도 합니다. 이 부분은 아마도 후대에 이사야서 본문들을 연결하기 위하여 삽입된 듯합니다.

36-39장은 히즈키야 시대 이사야의 활동에 대해 전합니다. 여기서 이사야 예언서 제1부가 끝납니다. 그 마지막은(39장) 이사야가 히즈키야 임금에게 바빌론이 예루살렘 성전을 약탈

할 것이라고 예고하는 장면입니다. 이사야서에는 유다 왕국의 멸망과 유배에 대한 기록이 없지요. 그 모든 기록을 대신하는 것이 이 예언자의 선고입니다. 이사야서의 편집자는 아마도 그것으로 충분하다고 생각했던 것 같습니다. 예언자가 선고를 했으니 그대로 이루어졌다고 생각하고, 40장에는 바로 유배 끝 무렵의 선포를 이어 놓고 있는 것이지요.

그 후의 이야기

산혜립 침공 이후 이사야의 활동에 대해서는 성경이 전하는 바가 없습니다. 이사야를 따르던 제자들이 있었고 그의 예언을 기록하고 보존하여 전수한 이들도 있었으나, 그의 말에 귀 기울인 사람은 많지 않았습니다. 외경에서는 이사야가 히즈키야의 뒤를 이은 므나쎄 임금 때에 죽임을 당했다고도 말합니다.

므나쎄는 다윗 왕조의 임금들 가운데 가장 나쁜 평가를 받는 임금이고 "무죄한 피를 너무 많이 흘려 예루살렘 이 끝에서 저 끝까지 그 피로 채웠다"(2열왕 21,16)고 하니 그럴 수도 있었겠지만, 이사야의 죽음에 관한 일을 역사적으로 확인할 수는 없습니다. 그래도 한 가지 분명한 것은, 여러 임금이 이사야가 전한 하느님의 말씀을 거북하게 여겼다는 사실입니다. 앞으로 본문을 읽어 가며 이를 확인하게 될 것입니다. 현실적인 문제들에 매여 있는 임금들과 당장 눈앞의 계산을 해야 하는 정치 지도자들에게, 이사야의 말은 결코 편안하게 들리지 않았습니다. 유배 전의 모든 예언자가 그랬듯이 이사야도 하느님을 믿지 못하는 유다와 그 임금들에게 심판을 선고했고, 어쩌면 무모하게 보이는 믿음을 요구했습니다. 대담한 믿음을 갖지 못한다면 무너지고 말 것이라고 말합니다. "너희가 믿지 않으면 정녕 서 있지 못하리라"(7,9).

어떨까요? 우리의 믿음은 이런 도전들을 견뎌낼 수 있을까요? 이사야는 하느님을 믿는다는 것이 그렇게 녹록한 일이 아니라고 말합니다. 우리도 어쩌면 이사야의 말이 듣기 싫어 적당히 얼버무리고 이 책을 덮어 버리고 싶어질지 모릅니다.

02

"유다와 예루살렘에 관하여 본 환시"(1,1)

이사야서를 처음부터, 그러니까 1,1부터 2,5까지 읽어 보십시오. 이사야가 "유다와 예루살렘에 관하여 본 환시" 전체의 요약을 여기서 미리 확인할 수 있습니다. 마치, 성가 반주를 할 때에 전주로 노래의 첫 부분과 끝부분을 들려주는 것과 같습니다.

심판과 구원

1,1-31에서는 주로 예루살렘에 대한 심판을 선고하고 2,1-5에서는 "세월이 흐른 뒤에"(2,2), 다시 말하면 1장에서 선고한 심판이 다 이루어지고 또 많은 시간이 흐른 뒤에 이루어질 일을 그려 보입니다. 즉, 구원된 예루살렘의 모습입니다.

이렇게 보면 1,1부터 2,5 사이에서, 이사야가 "유다와 예루살렘에 관하여 본 환시"의 내용은 심판을 거쳐 그 후에 구원이 이루어지리라는 것임을 알 수 있습니다. 이것이 이사야서 1-66장 전체의 요약이기도 하고, 이스라엘 예언사 전체의 요약이기도 합니다. 대략 이렇게 나타내 볼 수 있습니다.

심판	구원
이사 1,1-31	이사 2,1-5
이사 1-39장	이사 40-66장
유배 전 예언자들	유배 후 예언자들

구약성경의 예언자들을 크게 둘로 나누면 유배 전 예언자들과 유배 후 예언자들로 구분할 수 있습니다.

대체로 유배 전 예언자들은 심판을 선고합니다. 몇 명만 예를 든다면 북 왕국 이스라엘에서 활동했던 아모스와 호세아, 그리고 남 왕국 유다의 이사야, 예레미야가 유배 전 예언자들입니다. 이스라엘이 이렇게 살다가는 망한다는 것이 그들의 선포 내용입니다. 하지만 사람들은 귀를 기울이지 않습니다. 지금 잘 지내고 있으니 망할 리가 없다고 생각합니다.

노아 시대에도 사람들은 "노아가 방주에 들어가는 날까지 먹고 마시고 장가들고 시집가고"(마태 24,38) 하다가 멸망했다고 하지요. 그들은 멸망이 닥치리라는 것을 믿지 않았습니다. "괜찮다, 괜찮다" 하다가 망했습니다. 예언자들의 시대에도 그랬습니다. 하느님의 눈으로 역사를 바라보는 예언자들은 이렇게 살면 안 된다고 경고했지만, 북 왕국 이스라엘도 남 왕국 유다도 예언자들의 말에 귀를 기울이지 않았고 결국 무너지고 맙니다.

그런데 이렇게 나라가 무너지고 나면 예언자들은 즉시 구원을 선포하기 시작합니다. 제2이사야 이후로 여러 예언자가 멸망한 이스라엘을 향하여, 하느님께서는 우리를 다시 살려 주신다고, 우리를 버리신 것이 아니라고 외칩니다. 글쎄요, 멸망을 선포할 때 믿지 않았던 이들이 막상 멸망한 다음 구원을 선포한다면 이번에는 잘 믿을까요? 그럴 리가 없습니다. 그래도 예언자들은 희망을 선포합니다.

그래서 구약성경 예언의 역사를 멀리서 바라보면 '심판 – 구원'이라는 큰 흐름을 볼 수 있습니다. 이 구분은 매우 뚜렷해서, 에제키엘 예언서 같은 경우 책 한 권 안에서 선포 내용이 중간에 바뀝니다. 예언자 에제키엘이 예루살렘 함락 이전부터 그 직후까지 활동했기 때문이지요. 기원전 592년경에 예언자로 부르심을 받은 그는, 기원전 587년까지 멸망을 예고합니다. 그리고 예루살렘이 함락된 뒤에는 기원전 571년경까지 구원을 선포합니다.

이사야서도 마찬가지입니다. 크게 본다면 1-39장이 심판 선고이고 40-66장이 구원 선포입니다. 1-39장은 기원전 8세기, 유배 이전이니 다른 유배 전 예언자들과 마찬가지로 전체적으로는 심판을 선고합니다(하지만 그 안에도 사이사이에 구원 선포는 들어 있습니다). 아모츠의 아들 이사야가 "유다와 예루살렘에 관하여 본 환시"의 내용이 무엇이냐고 묻는다면 한마디로 심판의 선고입니다. 그러다가 유배 중에 작성된 40,1에 가면 "위로하여라"라는 하느님의 말씀을 출발점으로 어조가 완전히 달라지기 시작합니다. 하느님께서 "위로하여라" 하셨으니 예언자는 백성을 위로하기 시작합니다. 이제 심판이 다 이루어졌으니 위로의 때가 왔음을 알리라는 것이 40장 이후의 내용입니다.

심판의 이유와 구원의 이유

이렇게 보면 예언자들은 청개구리 같습니다. 성경에서는 그러한 예언자의 역할을 "이스라엘 집안의 파수꾼"(에제 3,17)이라고도 말합니다. 예언자들은 남들이 태평하다고 할 때에는 멸망을 예고하고, 남들이 이제 다 망했다고 주저앉아 있을 때에는 구원을 선포합니다. 그런데 어떻게 심판 선고가 갑자기 구원 약속으로 전환될 수 있을까요? 이것을 이해하는 것이 구약의 예언서 전체를 이해하는 열쇠입니다(그러니까 매우 중요한 부분입니다).

심판을 선고할 때에는 이유가 있습니다. 앞에서, 유배 전 예언자들의 선포 내용이 "이렇게 살다가는 망한다"라고 했지요. '이렇게' 살고 있는 것은 이스라엘 집안입니다. 그들이 하느님께 등을 돌리고 악행을 저지르고 있기 때문에 심판을 선고합니다. 아모스서를 비롯한 유배 전 예언자들의 책에서는, 단순히 멸망이 다가온다고만 말하지 않고 이스라엘의 죄를 상세히 고발합니다(아모 3-6장 참조). 멸망의 원인은 이스라엘에게 있다는 것입니다. 그런데, 그렇게 살다가 과연 멸망을 하고 나면 어떻게 됩니까? 더 이상 심판을 선고할 일은 없습니다. 그래서 예언자들의 선포 내용은 달라집니다. 하지만 이스라엘은 이미 멸망하지 않을 수 없을 만큼 하느님에게서 멀어져 있습니다.

그러면 무엇을 선포해야 할까요? 이스라엘 집안은 "우리 뼈들은 마르고 우리 희망은 사라졌으니, 우리는 끝났다"(에제 37,11)라고 말하고 있습니다. 예언자도 답답해하며 하느님께 묻습니다. "무엇을 외쳐야 합니까?"(이사 40,6) 회개하라고 외쳐 볼까요? 소용없는 일입니다. 회개하라고 외친 것은 오히려 유배 전 예언자들이었습니다. 그리고 이스라엘은 멸망을 통해서, 자신들이 예언자들의 설교를 듣고 회개할 능력조차 없었음을 깨닫습니다. 말하자면 이스라엘은 파산했습니다. 완전히 무너졌습니다. 이제는, 내 힘으로 하느님과 계약에 충실하고 우리의 구원을 보증할 수 있다고 여길 수 없게 되었습니다. 돌아온 아들이 "저는 아버지의 아들이라고 불릴 자격이 없습니다"(루카 15,21)라고 말했던 것처럼, 이스라엘은 다윗 왕조가 무너지고 예루살렘 성전이 파괴되었을 때 이제는 끝이라고 생각했을 것입니다.

이 시점에서 예언자가 선포할 수 있는 것은 하느님께서 베풀어 주시는 구원입니다. "새 계약"(예레 31,31-34), "새 마음"(에제 36,26)은 이스라엘이 자신의 힘으로 이룩하는 것이 아니라 하느님께서 무상으로 주시는 선물입니다. 멸망의 원인은 이스라엘에게 있었지만, 구원의 원인은 이스라엘에게 있을 수 없습니다(이 말은 앞으로 무수히 듣게 될 것입니다). 구원받을 만한 자격이 된다고 스스로 내세울 수 있는 것이 전혀 없기 때문입니다. 앞에서 파산이라는 표현을 썼지요. 그런데 이스라엘이 철저한 실패를 겪고 절망에 빠져 있을 때 예언자들은 이것이 끝이 아니라고 말합니다. 돌아온 아들을 아버지가 변함없이 사랑하는 아들로 받아들인 것과 같이, 하느님은 이스라엘의 손을 놓아 버리지 않으셨고 아직도 이스라엘을 사랑하신다고, 그래서 구해 주신다고 선포합니다.

멸망을 통한 구원

이러한 예언자들의 선포 내용을 보면, 예언서들에 나타나는 이스라엘의 역사는 '멸망을 통한 구원'이라는 생각이 듭니다.

이스라엘은, 멸망하기 전 적당한 시점에서 예언자들의 말을 듣고 발길을 돌이켜 멸망을 피한 것이 아니었습니다.

덕분에 예언자들도 고생을 많이 했고, 이스라엘도 고생을 많이 했고, 하느님도 고생을 많이 하셨습니다(이렇게 말해도 된다면). 그러지 않을 수 없었을까 하는 생각도 해 보았습니다. 하지만 그럴 때면 늘 '돌아온 아들의 비유'가 생각납니다. 작은아들이 집을 떠나가지 않았더라면, 방탕한 생활에 빠져들지 않고 재산을 날리지 않았더라면, 아들도 아버지도 고생을 덜었겠지요. 하지만 그랬더라면 그 아들은 끝까지 아버지를 알지 못했을 것입니다. 작은아들도 말하자면 '파산'을 겪었고, 자신의 행실만 보아서는 아버지의 아들이라고 불리기에 부당하다는 것을 알았고, 이 체험을 통해서 아버지가 어떤 분이신지를 알았습니다. 이스라엘도 마찬가지였습니다.

이사야서도 우리에게 그것을 보여 줍니다. 이사야서를 읽으면 본문 자체가 세 부분으로 되어 있어 유배 전, 유배 중, 유배 후의 예언을 다 읽을 수 있다는 장점이 있지요. 이러한 전체 맥락에서, 이사야 예언서 제1부(1-39장)가 선포하는 심판은 구원을 향한 역사의 한 단계가 됩니다. 이사야가 "유다와 예루살렘에 관하여 본 환시"는 예루살렘의 멸망을 예고하는 것이었지만, 그 멸망은 새로운 시작을 위한 단초가 될 것입니다.

더 좁은 범위에서 살펴본다면, 1,2-2,5 안에서도 우리는 그와 같은 사실을 확인할 수 있습니다. 1장의 심판 선고가 끝이 아님을, 하느님께서 바라시는 것은 예루살렘의 멸망이 아니라 "충실하던 도성"(1,21)의 본모습을 되찾는 것임을 알 수 있습니다. 이사야서를 읽을 때에 가장 초점을 맞출 부분이 바로 여기라고 생각합니다. 1장을 읽기 시작하는 지금부터 큰 그림을 염두에 두십시오. '이사야'라는 이름은 '주님께서 구원하신다'라는 뜻이지요. 비록 이사야가 심판을 선고하고 멸망을 예고했어도, 그가 궁극적으로 선포한 것은 주님께서 이루어 가시는 구원의 역사였습니다. 역사의 한 순간만을 바라보는 인간의 눈에는 그것이 보이지 않을지라도, 하느님은 당신 백성을 구원으로 이끄십니다.

멸망을 통한 구원. 어쩌면 달갑지 않은 말입니다. 하지만 하느님께서 베푸시는 무상의 사랑을 가장 절실하게 깨달을 수 있는 때는 내가 가장 가난해지는 순간입니다. 우리가 죄에 떨어지고 좌절을 겪는 순간이, 조건 없이 베푸시는 하느님의 사랑을 발견하는 순간이 됩니다. 그 순간을 알아볼 수 있도록, 예언자들은 우리의 눈을 열어 줍니다.

"이사야는 위대한 영의 힘으로 마지막 때를 내다보고
시온에서 통곡하는 이들을 위로하였다.
그는 영원에 이르기까지 일어날 일들을 보여 주었고
숨겨진 것들을 미리 알려 주었다" (집회 48,24-25).

03

"세월이 흐른 뒤에"(2,2)

십 년이면 강산도 변한다고 하지요. 어렸을 때에는 십 년이 무척 긴 시간 같았지만, 지금 지나간 일을 생각하다 보면 그것이 어느덧 수십 년 전의 일입니다. 십 년, 이십 년, 삼십 년 전과 비교해 보면 많은 것이 달라져 있습니다. 이제부터 또 십 년, 이십 년, 삼십 년이 지나고 나면 세상도 우리 자신도 지금과는 많이 다른 모습이 되어 있을 것입니다.

"세월이 흐른 뒤에"는 언제를 가리키는가?

이사 2,2에서는 "세월이 흐른 뒤에 이러한 일이 이루어지리라"고 말합니다. 여기서 "세월이 흐른 뒤에"라고 번역된 구절의 히브리어 표현을 그대로 번역하면 "날들 후에"입니다. 이 표현은 사실 여러 가지 의미로 이해할 수 있습니다. 우리말 《성경》에서도, 똑같은 히브리어 표현을 이사 2,2에서는 "세월이 흐른 뒤에"로 번역했고, 미카 4,1에서는 "마지막 때에"라고 옮긴 것을 볼 수 있습니다.

> 이사 2,2-5과 미카 4,1-5은 거의 동일한데, 두 본문 사이의 관계는 명확하지 않습니다. 미카서 본문이 이사야서 본문에 의존한다고 보는 이들도 있고, 반대로 이사야서가 미카서에 의존한다고 보는 이들도 있습니다. 아니면 두 본문이 모두 다른 어떤 전승을 인용한 것일 수도 있습니다. 이사야와 미카가 모두 기원전 8세기, 비슷한 시기에 활동한 예언자들이기는 하지만, 미카 4장도 이사 2장도 후대에 첨가된 것일 가능성이 적지 않습니다.

칠십인역 그리스어 번역본에서는 2,2을 번역하면서 히브리어

"날들 후에"를 그리스어로 "마지막 날들에"로 옮깁니다. 역사의 종말을 가리킨다고 해석한 것입니다. 여기뿐만 아니라 다른 많은 곳에서도 칠십인역은 늦은 시대의 관심사인 종말론에 큰 관심을 갖는 편입니다. 물론 본래의 히브리어 표현을 종말에 대한 언급으로 이해하는 것도 가능합니다. 현대 학자들 가운데에도 "날들 후에"가 종말을 나타내는 고정된 표현이라고 보는 이들이 있습니다.

하지만 아마도 더 일반적인 해석은 "날들 후에"라는 표현이 구체적으로 역사에서 이루어질 미래를 뜻한다고 보는 것입니다. "날들 후에", 곧 지금 흘러가고 있는 역사가 더 흘러 어떤 특정한 날들이 지나고 나서 그다음에 일어날 일들을 2,2-5이 묘사한다는 것이지요. 이 본문이 "아모츠의 아들 이사야가 유다와 예루살렘에 관하여 환시로 받은 말씀"(2,1)이라는 구절로 시작되고 있기는 하지만, 2장을 1장과 이어서 읽는다면 여기서 말하는 "날들 후에"는 1장에서 예고된 심판이 있은 다음을 지칭하는 것입니다.

2,2-5에서 그려 보이는 것은 그 날들 후에 나타날 예루살렘의 모습입니다. 그때에 "주님의 집이 서 있는 산"(2,2)인

시온 산은 세상의 어떤 산보다도 높아지고, 모든 민족이 예루살렘에 있는 주님의 집으로 모여 와 주님의 길을 배우게 되리라는 것입니다.

"아아, 탈선한 민족"(1,4)

그런데 그 아름다운 광경은 지금의 모습이 아니라 "날들 후에" 있을 일들입니다. 지금 예루살렘은 2,2-5이 말하는 먼 훗날의 모습과 거리가 멉니다. 그래서 이사야서 1장에서 예루살렘에 심판을 선고하는 것입니다. 2장이 미래의 예루살렘 모습을 묘사한다면, 1장은 현재의 모습을 고발합니다.

"충실하던 도성이 어쩌다 창녀가 되었는가?"(1,21) 창녀가 되었다는 것은 이사야 예언자보다 앞서 특히 호세아가 사용했던 비유입니다. "이 나라가 주님에게 등을 돌리고 마구 창녀 짓을 하기 때문이다"(호세 1,2). 신랑이신 주님께 충실해야 할 신부 이스라엘이 다른 무엇을 따라가고 있다는 의미이지요. "나는 너희 하느님이 되고 너희는 내 백성이 될 것이다"(예레 7,23)라는 문장으로 요약되는 계약 관계에 금이 갔다는 뜻입니다.

"충실하던 도성"이라는 말을 잘 뜯어보면, 또 과거의 언젠가는 예루살렘이 하느님께 충실했다는 것을 알 수 있습니다. "공정이 가득하고 정의가 그 안에 깃들어 있었는데"(1,21), 지금은 그 충실하던 도성이 온갖 죄로 더럽혀졌습니다. 1장은 그 죄들을 열거합니다. 미물인 소와 나귀도 임자를 아는데 예루살렘은 아버지이신 하느님을 알아뵙지 못하고 거역하였습니다(1,2-3). 사람들은 하느님께 숫양과 황소 등 많은 제물을 바치지만, 그들의 손이 피로 가득하기에 하느님은 그 제사를 마다하시고 그들의 기도도 듣지 않으십니다(1,10-17). 고아의 권리를 존중하지 않고 과부를 돌보아 주지 않는 예루살렘이 바치는 제물을 하느님은 역겨워하십니다. "나의 영은 너희의 초하룻날 행사들과 너희의 축제들을 싫어한다"(1,14). 특히나 사회의 지도층은 부패하여 뇌물을 찾으며, 재판관들은 힘없는 이들의 권리를 찾아 주는 일을 하지 않습니다(1,23).

1,29에 언급된 '참나무'와 '정원'은 사람들이 다른 나라의 관습을 받아들여 우상을 숭배했음을 말해 줍니다. 가나안과 메소포타미아의 여러 민족은 풀과 나무가 겨울이면 죽었다

가 봄이면 다시 살아나는 모습을 보면서, 겨울에 죽었던 신들이 봄이면 되살아나 풍요를 가져다준다고 생각하고 그 신들을 통하여 농사의 풍요를 기원할 수 있다고 믿었습니다. 그런데 어느새 예루살렘 사람들이 그러한 우상 숭배를 시작해 버렸습니다.

예루살렘 주민들은 다 망하게 생긴 자신들 처지를 알지도 못합니다. 성한 데가 하나도 없이 머리끝부터 발끝까지 온통 만신창이가 되었는데도 하느님께 살려 달라고 애원하기는커녕 더 맞으려고 계속 반항하고 하느님께 등을 돌립니다(1,4-8). 이스라엘의 죄악 때문에 땅까지 황폐해졌습니다(1,7). 이것이 이스라엘이 처해 있는 '파산' 상태입니다. 이제 이스라엘에게는 출구가 없습니다.

"시온은 공정으로 구원을 받고"(1,27)

이렇게 길이 보이지 않는 상황에서 예언자는 또 청개구리 같은 소리를 합니다. "만군의 주님께서 우리에게 생존자들을 조금이나마 남겨 주지 않으셨더라면 우리는 소돔처럼 되고 고

모라같이 되고 말았으리라"(1,9). 주의를 기울여 잘 읽어 봅시다. 예루살렘은 소돔처럼, 고모라처럼 되었을까요? 아닙니다. 그렇게 될 처지였는데 그렇게 되지 않았다는 말입니다. '생존자들', 소위 남은 자들이 있습니다!

이 구절은 1장 전체를 지배하는 심판 선고 속에 파묻혀 휙 읽고 지나갈 말씀이 아닙니다. '남기다'(야타르)라는 단어가 갖는 신학적 무게 때문입니다. 이사야를 포함한 유배 전 예언자들은 전체적으로 심판을 선고하지요. 그런데 그 심판이, '남김없이' 완전히 멸망시켜 없애 버리는 것이 아닙니다. 온통 황폐해진 땅이어도, 하느님은 작은 무리를 남겨 주십니다. 그리고 그들에게서 새로운 시작이 이루어집니다.

이러한 사상이 처음 나타나는 스바니야서에서는, 하느님께서 예루살렘을 징벌하시어 "거만스레 흥겨워하는 자들"(스바 3,11)을 모두 없애시고 "가난하고 가련한 백성"(스바 3,12)을 남기시리라고 말합니다. 소위 주님의 가난한 이들이 남으리라는 사상입니다. 이사야서에서도 '남은 자' 사상은 중요한 주제입니다. '남은 자'라고 하기보다 '하느님께서 남겨 주신 이들'이라고 하는 것이 더 정확하겠지요. 그들이 있기에 새로운 시작이 가능합니다. "세월이 흐른 뒤에" 시작될 새 역사는 다른 곳이 아니라 "주님의 집이 서 있는 산"(2,2), "시온, 예루살렘"(2,3)에서 이루어질 것이고, 다른 사람들이 아니라 주님의 빛 속에 걸어가는 "야곱 집안"(2,5)에게서 이루어질 것입니다. 믿기 어렵더라도 그러할 것입니다. 하느님께서 찌꺼기를 걸러 내시고 불순물을 없애시며, 예루살렘을 다시 예전과 같은 "정의의 도읍", "충실한 도성"으로 회복시키실 것이기 때문입니다(1,25-26).

"주님의 집이 서 있는 산"(2,2)

"세월이 흐른 뒤에", 그러한 정화가 이루어진 다음에, 지금 눈앞에 보이는 예루살렘에는 상상할 수 없을 웅대한 미래가 펼쳐질 것입니다.

2,2-5은 이사야서의 뒷부분에 가서 더 전개될 주제들을 담고 있습니다. 다른 민족들에 대한 이스라엘의 사명, 그리고 다른 민족들이 예루살렘으로 순례를 오게 된다는 주제는 이사야 예언서 제1부(1-39장)보다는 제2부(40-55장)와 제3부

(56-66장)에서 주로 나타납니다. 예언서 전체의 서두에서 그 결말을 미리 예고하는 것이지요.

"주님의 집이 서 있는 산." 1장에서 시온이 주로 도성으로 제시되었다면 이 단락에서는 '산'으로 이해됩니다. 땅에서 가장 높은 곳인 산은 하늘과 땅을 잇는 곳입니다. 더구나 "주님의 집이 서 있는 산"은 하느님께서 지상에서 거처하시는 곳이기에 다른 어떤 산보다도 직접 하늘로 연결됩니다. "세월이 흐른 뒤에", 예루살렘이 수많은 죄악으로 인하여 멸망을 맞고 그 멸망을 통해 정화된 다음에, 그때에는 모든 민족이 바로 예루살렘, 창녀가 되었던 바로 그 도성으로 모여들어 거기에서 주님의 법을 배울 것입니다. 모든 이가 예루살렘으로부터 주님의 가르침을 배우기에, 그곳으로부터 온 세상에 평화가 전파되어 나갈 것입니다.

믿기 어려운 일입니다. 하느님께 단죄 받고 심판 받았던 바로 그 도성이 멸망을 겪은 다음에는 하느님의 법을 온 세상에 전파하는 곳이 된다는 것은, 개인으로 친다면 흉악범이던 사람이 큰 고통을 통해 변화되어 하느님의 말씀을 전하는 선교사가 된다는 것인데, 과연 그런 일이 쉽게 일어날 수 있을까요? 그런데 2,2-5은 아직 정화되지 않은, 아직 흉악범과 같은 예루살렘에게 장차 그런 날이 오리라고 말합니다.

이것이 하느님의 눈으로 바라보는 예언자의 말입니다. 온통 맞아 터진, "발바닥에서 머리까지"(1,6) 상처투성이인 예루살렘에게 예언자는 엄청난 미래를 말합니다. 그 이유는 명백합니다. "오너라, 우리 시비를 가려 보자"(1,18) 하시는 하느님께서, 막상 죄인을 불러 놓으시고는 그의 죄를 따지시는 것이 아니라 "너희의 죄가 진홍빛 같아도 눈같이 희어지고 다홍같이 붉어도 양털같이 되리라"(1,18)고 말씀하시기 때문입니다. 그들의 죄악을, 하느님이 없애 주십니다.

예루살렘에게 요구되는 것은 믿기 어려운 그 말씀을 믿는 것입니다. 지금은 손이 피로 가득한 불의한 도성이라 할지라도, 그 죄를 눈같이 희게 만드시는 하느님의 능력을 믿는 것입니다. 나의 죄에서 눈길을 돌려 용서하시는 하느님을 바라볼 때, 예루살렘은 빛 속을 걷게 될 것입니다.

"야곱 집안아
자, 주님의 빛 속에 걸어가자!"(2,5).

04

"그 그루터기는 거룩한 씨앗이다"(6,13)

햇볕이 잘 드는 창가에 겨우내 화분을 들여 두었습니다. 난방까지 하니 온실이 따로 없습니다. 화초는 잘 자라는가 싶더니 곧 비실비실해졌습니다. 힘이 없이 가늘고 길어지더니 똑바로 서 있지도 못하게 되었습니다. 세워 보려고 애를 썼지만 잎은 더 약해졌습니다. 봄이 되었을 때, 어떻게 해야 할까요? 남은 길은 하나입니다. 뿌리만 남기고 깨끗이 잘라 내고, 봄바람을 맞으며 튼실하게 새로 자라나기를 기다려야 합니다. 이사야를 부르고 파견하신 하느님께서 이스라엘에게 뜻하신 계획은 바로 그런 것이었습니다.

"나는 … 주님을 뵈었는데"(6,1)

이사야서 6장은 이사야가 거룩하신 하느님을 뵙고 예언자로 파견되는 장면을 전합니다. "우찌야 임금이 죽던 해"(6,1), 기원전 740년 무렵입니다. 그 해를 지칭하여 '요탐이 임금이 되던 해'라고 하지 않고 "우찌야 임금이 죽던 해"라고 한 것이, 의미가 없지 않은 듯합니다. 그때 이사야가 본 것이 "높이 솟아오른 어좌에 앉아 계시는 주님"(6,1)이었기 때문입니다. 어좌에 앉아 계시다는 말은 임금이라는 뜻이지요. 하늘 높이 임금으로 앉아 계신 주님과 죽어서 왕좌를 떠나는 인간 임금들이 대비됩니다. 이사야는 예언자로 활동한 40년 동안 여러 임금을 만나지만 그들은 모두 덧없이 죽어 갑니다. 거룩하신 하느님만이 영원한 통치권을 쥐고 계십니다.

"거룩하시다, 거룩하시다, 거룩하시다, 만군의 주님!"(6,3) 나중에 다시 언급하겠지만, 이사야서의 하느님을 한마디로 묘사한다면 거룩하신 분입니다. "이스라엘의 거룩하신 분"이라는 호칭은 이사야서에서 특징적으로 나타납니다. 이 호칭은 이사야서 제1부만이 아니라 제2부와 제3부에서도 계속 사용되어 후대의 이사야서 편집자들이 기원전 8세기의 예언자와 같은 신학을 이어 갔음을 드러냅니다. 하지만 이 호칭은 이사야서 이외의 다른 책들에서는 거의 나타나지 않습니다.

그런데 잘 알려져 있듯이 히브리어에서 '거룩하다'(카도쉬)라는 단어는 '분리하다, 따로 떼어 놓다'라는 어근에서 유래하지요. 하느님의 거룩하심은 그분의 절대성, 초월성을 의미합니다. 인간이 마음대로 할 수 없는 하느님, 인간이 감히 범접할 수 없는 영역에 계신 하느님이십니다.

저는 "그분의 옷자락이 성전을 가득 채우고 있었다"(6,1)라는 구절을 읽을 때에도 비슷한 생각을 합니다. 이사야는 주님을 뵈었다고 말합니다. 하지만 옷자락이 성전을 가득 채우고 있었다고 한다면 성전에 들어간 이사야는 옷자락만 본 것이 아닐까요? 어쩌면, 거룩하신 하느님에 대한 경외심 때문에 하느님의 이름을 직접 언급하려 하지 않았던 이들이 꿈이나 천사들을 통해 하느님의 말씀을 들었다고 했던 것과 마찬가지로, 여기서 성전을 가득 채운 "옷자락"도 하느님과 인간 사이의 거리를 나타내는 것일 수 있습니다.

"나는 이제 망했다"(6,5)

이러한 하느님의 거룩하심 때문에, 하느님을 본 이사야는 "큰일 났구나. 나는 이제 망했다"(6,5)라고 말합니다. "제가 있지 않습니까? 저를 보내십시오"(6,8)라고 용감하게 대답했던 이사야의 소명 사화에서는 다른 예언자들의 경우와 달리 '이의 제기'라는 요소가 매우 약하지만, "나는 이제 망했다"라는 이사야의 말을 일종의 '이의 제기'로 볼 수 있습니다. 하느님의 부르심 앞에 "아, 주 하느님 저는 아이라서 말할 줄 모릅니다"(예레 1,6)라고 말했던 예레미야와 마찬가지로, 부르시는 하느님 앞에서 자신의 부당함을 고백하는 것이기 때문입니다. 문제는 성聖과 속俗의 분리입니다. "입술이 더러운 백성 가운데 살면서"(6,5) 하느님을 뵈었으니 이제 망했다는 말은, 속된 세상에 속한 인간이 거룩한 하느님의 영역을 침범했으니 이제 죽음을 피할 수 없으리라는 뜻입니다.

하지만 하느님께서는 스스로 부당하다고 느끼는 이사야를 합당하게 만들어 주십니다. 하느님께서 어떤 사명을 맡기고자 인간을 부르실 때, 스스로 그 부르심에 합당하다고 말할

> 성과 속의 분리는 다른 종교나 토속 신앙에서도 자주 나타납니다. 구약성경에서는 특히 레위기를 중심으로 하는 사제계 전승에서 "거룩한 것과 속된 것, 부정한 것과 정결한 것을 구별"(레위 10,10)할 것을 강조합니다. 하느님의 얼굴을 뵌 사람은 죽는다는 말도(탈출 33,20) 유사한 맥락에서 나온 표현입니다.

수 있는 사람이 몇이나 있을까요? 예언자들의 '이의 제기'는 빈 말이 아니었습니다. 그들은 스스로 자격을 갖추고 있어서 하느님의 부르심에 자신 있게 나설 수 있는 이들이 아니었습니다. 하느님께서는 바오로 사도에게 "나의 힘은 약한 데에서 완전히 드러난다"(2코린 12,9)고 말씀하시지요. 부름 받은 이들이 약했기에 그 안에서 하느님의 능력이 활동합니다. 그들이 하느님의 도구가 될 수 있었던 것은, 하느님께서 그들에게 사명을 맡기실 때에 그 사명을 수행하기 위하여 필요한 모든 은

총도 함께 주셨기 때문이었습니다.

 이제, 하느님께서 당신의 일을 위해 보낼 사람을 찾으시는 것을 본 이사야는 "제가 있지 않습니까?" 하며 용감하게 나섭니다. 가서 해야 할 일이 무엇인지도 모르면서 이렇게 응답합니다. 하느님께 정말 넓은 마음을 보여 드립니다. 대단한 믿음입니다. 저는 사람들이 무엇인가 부탁을 하려고 전화를 하면, "안 될 것 같지만 한번 얘기는 해 보세요"라고 말합니다. 무엇을 부탁할 것인지 듣고 대답하겠다는 뜻입니다. 우리는 하느님께도 흔히 그렇게 합니다. 무엇을 요구하실 것인지 먼저 밝혀 주시면, 그 조건을 보고 응답할지 여부를 결정하려 합니다. 그런데 이사야는, 무엇을 명하시든 하느님의 뜻대로 행하겠다고 응답합니다. 그러면서도 동시에, "제가 가겠습니다"라고 하지 않고 "저를 보내십시오"라고 말씀드립니다. 내가 가는 것이 아니라 하느님께서 보내시는 것이어야 하기 때문입니다. 파견이 없다면 사명도 없습니다. 이제부터 이사야가 해야 하는 것은 자신의 일이 아니라 하느님께서 그에게 맡기시는 사명입니다.

"그루터기"(6,13)

그런데 그 사명이 이상합니다. 백성은 듣고 또 듣되 깨닫지는 말아야 하고, 보고 또 보되 깨치지는 말아야 합니다. 이사야는 아예 그 백성이 마음과 귀와 눈을 닫게 해야 합니다. "돌아와 치유되는 일이 없게 하여라"(6,10).

무슨 일을 시키실 것인지도 모르고 나섰더니, 기쁜 소식을 전하라는 것이 아니라 멸망을 선포하라고 하십니다. 회개하라는 설교를 통해 백성의 마음을 돌이키라고 말씀하시는 것도 아닙니다. 백성에게 하느님의 말씀을 전하기는 해야 하지만, 그 백성이 그 말을 듣고 마음을 바꾸게 하기 위해서는 아닙니다.

에제키엘의 경우도 이와 비슷했습니다. 하느님께서는 에제키엘을 보내시면서도, 백성이 그의 말을 듣지 않으리라고 말씀하십니다. 하느님은 그 사실을 미리 알고 계셨습니다. 그런데도 예언자는 침묵해서는 안 됩니다. "그들이 듣든, 또는 그들이 반항의 집안이어서 듣지 않든, 자기들 가운데에 예언자가 있다는 사실만은 알게 될 것이다"(에제 2,5). 이사야의 경우도 크게 다르지 않습니다. 백성이 귀를 기울일 것이라서, 회개할 것이라서 선포하는 것이 아니라, 그저 하느님께서 그에게 맡기신 일이 선포하는 것이기에 선포할 따름입니다. '듣든, 듣지 않든' 그것은 예언자의 몫이 아닙니다.

언제까지 그래야 할까요? "주님, 언제까지입니까?"(6,11)라는 이사야의 질문에는 그 심판에 끝이 있으리라는 실낱같은 희망이 담겨 있습니다. 하지만 하느님께서는 온 땅이 황폐해질 때까지라고 말씀하십니다. "아직 그곳에 십분의 일이 남아 있다 하여도 그들마저 다시 뜯어 먹히리라. 향엽나무와 참나무가 잘릴 때 거기에 남는 그루터기와 같으리라"(6,13). 백성이 모두 쫓겨 가고, 그나마 남아 있던 십분의 일마저 다시 뜯어 먹힐 때까지 가야 합니다. 그루터기, 곧 나무가 베어진 밑동만 남아야 합니다. 그때가 되어야 사람들은 비로소 그 예언자들의 사명이 무엇이었는지를 이해하게 될 것입니다.

멸망을 겪은 이스라엘은 비로소 자신들이 무능력하다는 사실을 깨닫게 됩니다. 철저한 실패를 겪고 나서야 이스라엘은, 그들 자신의 힘으로는 하느님과의 관계를 유지해 나갈 수 없음을 깨닫습니다. 분명 하느님께서는 그들이 멸망할 때까지 손을 놓고 기다리고 계신 것이 아니었습니다. "주님께서 여러분에게 당신의 모든 종들, 곧 예언자들을 줄곧 보내셨으나, 여러분은 듣지도 않았고 들으려고 귀를 기울이지도 않았습니다"(예레 25,4). 북 왕국 이스라엘에서는 아모스와 호세아가, 남 왕국 유다에서는 이사야와 미카, 그리고 예레미야 등의 예언자들이 모두 백성에게 다가오는 심판을 경고했습니다. 그런데도 백성은 예언자들의 말을 듣고 마음을 돌이켜 하느님께 돌아오지 못했습니다. 멸망하고 나서야 그 백성도, 예언자들이 실패한 것이 아니며 그들의 사명은 하느님의 계획에 들어 있는 것이었음을 알게 됩니다.

"거룩한 씨앗"(6,13)

하느님의 계획은 신비롭습니다. 멸망은 끝이 아닙니다. "그 그루터기는 거룩한 씨앗이다"(6,13). 그루터기만 남으려면 나무가 모두 베어져야 합니다. 다시는 살아나지 않을 것처럼, 그 밑동만 남아야 합니다. 그렇게 되어야 그 밑동에서부터 새로운 시작이 이루어질 수 있습니다. 멸망을 통한 구원. 이것이 예언자들의 역사에서 알 수 있는 구원의 길입니다. 그 많은 경고에도 멸망을 피하지 못했음을 알게 될 때, 이스라엘은 구원이 자신들의 능력으로 이루어지는 일이 아님을 알게 될 것입니다.

이사야가 스스로 거룩하신 하느님의 예언자가 되기에 부당함을 알았기에 자신의 능력이 아닌 하느님의 능력으로 예언자 소명을 다할 수 있었던 것과 마찬가지로, 이스라엘은 자신의 무능력을 진심으로 깨닫고 난 후에 하느님의 능력과 그분의 은총에 의지하여 새 역사를 열어 갈 것입니다. 이렇게 되려면 그루터기만 남는 순간이 필요합니다. 그래서 이사야가 부르심을 받을 때, 하느님께서는 미리 말씀하십니다.

"그 그루터기는 거룩한 씨앗이다"(6, 13).

05

"예루살렘을 치러 올라왔지만"(7,1)

당장 우리나라 안보에 위기가 닥친다고 합시다. '미국에 의지할까요, 중국에 의지할까요?' 이 질문에 대답하지 않으셨다면 다음 질문은 건너뛰셔도 됩니다. 하지만 앞의 질문에 대답하셨다면 두 번째 질문을 드리겠습니다. '사십 년 후에도 그 나라에 의지할 수 있으리라고 확신하십니까?' 이런 질문들이 한심하다고 생각하셨다면 이사야서 7장의 가르침을 이미 절반은 이해한 것입니다.

아시리아 임금 티글랏 필에세르 3세

이사야가 부르심을 받은 것이 "우찌야 임금이 죽던"(6,1) 기원전 740년이라고 하면, 그 후 5년 정도 지났을 때에 아하즈가 임금이 됩니다. 이사야서를 읽기 시작할 때에 그 시대적 배경을 간략하게 살펴보았지만, 이제 아하즈가 임금이 된 직후의 국제 정세를 좀 더 자세히 알아보아야 하겠습니다.

당시 근동의 역사를 좌우하던 강대국은 아시리아였습니다. 이사야서에서도 아시리아인들의 군대에 대하여 "그들은 암사자처럼 포효하고 힘센 사자들처럼 함성을 지른다. 으르렁거리다 먹이를 잡아채 끌어가면 아무도 빼내지 못한다"(5,29)고 말합니다. 특히 기원전 745년에 티글랏 필에세르 3세가 임금이 된 이후로, 아시리아는 무섭게 세력을 떨치기 시작했습니다. 아시리아의 잔인함을 전하는 이야기들의 일부에는 전설적인 내용이 담겨 있을 수도 있습니다. 하지만 아시리아가 이 지역에서 최초로 직업 군인으로 이루어진 기병 부대를 가지고 있었던 사실을 생각하면, 군사적인 면에서 다른 나라들과는 수준이 완전히 달랐던 것은 분명합니다.

다음 쪽에 나오는 지도가 티글랏 필에세르 3세 때의 지도입니다. 아시리아가 이 지역을 차지하려면 먼저 아람(시리아)을, 그리고 북 왕국 이스라엘을 공격해야 하고, 그런 다음에야 유다를 공격하게 될 것입니다.

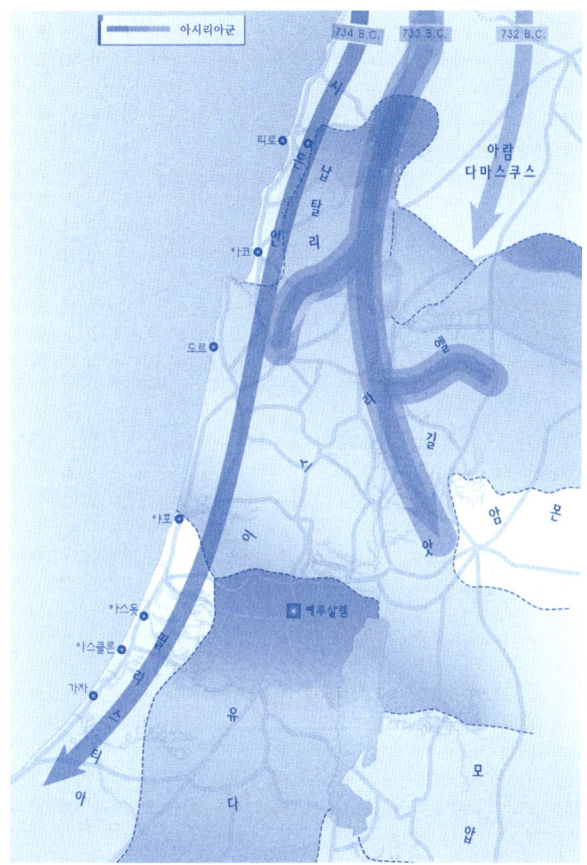

티글랏 필에세르 3세의 이스라엘 침공, 《성서사십주간 성경지도》 지도 82.

기원전 738년에 아시리아 임금 티글랏 필에세르 3세가 아람과 북 왕국 이스라엘을 침범하여, 이스라엘 임금 므나헴은 아시리아에 상당한 조공을 바쳐야 했습니다. 아시리아의 입장에서 작은 주변국 하나를 더 멸망시키는 것은 어쩌면 그다지 큰 관심사가 아니었을 수도 있겠지요. 종속을 인정하고 조공을 잘 바친다면, 멸망시키지는 않았습니다. 그러나 조공을 안 바치면 그때부터 단계적으로 주권을 빼앗고 완전히 예속을 시켰습니다.

하지만 막대한 조공을 바치는 나라의 입장에서는 목숨만 부지해도 감사하다며 가만히 있을 수도 없는 노릇입니다. 그래서 작은 나라들이 서로 연합하여 아시리아에 맞서려고 시도한 적이 여러 번 있었습니다.

이스라엘 임금 페카

이사야서 7장에서 "아람 임금 르친과 르말야의 아들인 이스라엘 임금 페카가"(7,1) 손을 잡은 것도 아시리아에 맞서기 위해서였습니다. 본래 아람과 이스라엘은 우방이 아니라 국경을 맞대고 계속 싸우던 관계였습니다. 아시리아가 더 강한 공동의 적이 되었기에 갑자기 같은 편에 서게 된 것뿐입니다.

그런데 작은 나라 둘이 힘을 합쳐도 아시리아에 맞서기에는 역부족입니다. 그래서 이들은 남 왕국 유다를 끌어들이려 합니다. 이들은 요탐 시대에도 유다를 반反아시리아 동맹에 가담시키려 했지만, 요탐은 거절했습니다(2열왕 15,37 참조). 지도에서 보시다시피 아시리아가 유다까지 가려면 중간에 아람과 이스라엘이 있습니다. 그래서 유다는 아직 아시리아의 공격을 받지 않았고, 조공도 바치고 있지 않았습니다. 그러니 굳이 남의 일에 끼어들 필요가 없다고 생각했을 수도 있겠지요.

그 후 이스라엘에서는 프카흐야를 거쳐 페카가 임금이 되었습니다(기원전 735-732년 재위). 사실 북 왕국 이스라엘의 끝 무렵은 25년 동안 6명이 왕위에 오를 만큼 어지러운 시대였습니다(즈카르야-살룸-므나헴-프카흐야-페카-호세아). 친親아시리아파와 반反아시리아파 사이에 다툼이 계속되었기 때문입니다. 그러던 중 유다에서 아하즈가 임금이 되자 아람과 이스라엘은 다시 유다를 설득하려 합니다. 아하즈가 이에 응하지 않자 아람과 이스라엘은 유다를 공격합니다. "우리가 유다로 쳐 올라가 유다를 질겁하게 하고 우리 것으로 빼앗아 그곳에다 타브알의 아들을 임금으로 세우자"(7,6). 타브알이 사람 이름인지 아니면 다른 의미를 가진 단어인지는 불확실하지만, 어쨌든 아람과 이스라엘은 아하즈를 몰아내고 자기들의 편이 되어 줄 다른 사람을 유다의 임금으로 세우려고 합니다. 이것이 이사야서 7장의 배경인 시리아-에프라임 전쟁입니다(기원전 736-734년).

유다 임금 아하즈

이렇게 아람의 르친과 이스라엘의 페카가 "예루살렘을 치러"(7,1) 올라왔을 때 유다 임금의 심정은 어땠을까요? 기원전 735년 아하즈가 임금이 되었을 때 그의 나이는 스무 살이었습니다. 이제 스물이 갓 넘은 젊은 임금 아하즈는 시리아와 이스라엘의 연합 요구를 거절했으나, 두 나라의 침입에 맞설 자신이 있었던 것은 아닙니다.

7,1에서는 이 전쟁 이야기를 시작하면서 처음부터 르친과 페카가 "예루살렘을 치러 올라왔지만 정복하지는 못하였다"고 말합니다. 영화를 볼 때 이미 그 내용을 알고 있는 사람이 자꾸 앞으로 전개될 줄거리를 얘기하면 재미가 떨어지지요.

그런데 이사야서의 저자는 일부러 그렇게 합니다. 예루살렘이 결국은 함락되지 않으리라는 것을 우리에게 미리 말해 줍니다. 결과는 이미 정해져 있습니다. 이사야는 그것을 믿었고, 우리도 그것을 믿어야 하지만, 아하즈는 이를 믿지 못했습니다.

"숲의 나무들이 바람 앞에 떨듯 임금의 마음과 그 백성의 마음이 떨렸다"(7,2). 아하즈는 불안합니다. 이사야가 아하즈를 찾아가 만난 곳이 "윗저수지의 수로 끝"(7,3)이라는 사실도 전쟁을 앞두고 불안한 아하즈의 마음을 보여 줍니다. "윗저수지"는 기혼 샘에서 나온 물을 모아 두는 곳입니다. 예루살렘에서는 그 물을 끌어다 썼습니다. 예루살렘이 포위될 때 버틸 수 있으려면 그 저수지에 물이 있어야 합니다. 더구나 적군이 예루살렘을 포위하고 그 저수지를 차지하면 예루살렘은 독 안에 든 쥐가 되고 맙니다. 아하즈가 저수지를 살핀다는 것은 이미 그의 머릿속으로 전쟁을 계산하고 있음을 보여 줍니다. 그 순간에 주님의 말씀을 전하는 예언자가 임금 앞에 나타납니다.

"진정하고 안심하여라, 두려워하지 마라"(7,4). 하느님께서 이사야를 통하여 아하즈에게 전하신 말씀입니다. 참 비현실적인 말씀 아닌가요? 아하즈는 그보다는 훨씬 구체적인 방책을 원합니다. 저수지의 방비를 확인하고, 전쟁에 대비하려 합니다(지금도 예루살렘에는 히즈키야 시대의 수로가 남아 있습니다). 7장 본문에는 나오지 않지만, 이 전쟁 때에 아하즈는 더 엄청난 일도 저지르고 맙니다. 아시리아에게 도움을 청했던 것입니다. 아람과 북 왕국 이스라엘이 아시리아에 거슬러 일어나려 할 때, 유다는 그들의 위협에서 벗어나기 위해 그들보다 훨씬 더 강대국인 아시리아에 손을 내밉니다. "저는 임금님의 종이며 아들입니다. 올라오시어, 저를 공격하고 있는 아람 임금과 이스라엘 임금의 손아귀에서 저를 구해 주십시오"(2열왕 16,7). 이사야서에는 나오지 않지만, 열왕기에 따르면 이것이 아하즈가 아시리아 임금 티글랏 필에세르 3세에게 했던 말입니다. 그는 자기 발로 찾아가 아시리아에 굴복했고, 많은 조공을 보냈습니다(2열왕 16,7-10). 또, 티글랏 필에세르 3세가 시키지 않았는데도, 아시리아의 제단을 본뜬 제단을 예루살렘 성전에 세우기도 했습니다.

물론 티글랏 필에세르 3세는 기꺼이 아하즈의 요청에 응답했습니다. 당연합니다. 과거에도 아시리아는 이미 그 지역에 침입했고, 그들을 굴복시켜 조공을 받고 있었습니다. 그런데 그들이 아시리아를 거슬러 반란을 일으키려고 했던 것이니까요. 기원전 732년에 티글랏 필에세르 3세는 아람의 수도 다마스쿠스를 함락시켰고, 10년 후인 기원전 722년에는 북 왕국 이스라엘의 수도 사마리아도 함락됩니다(성경에서는 그때의 아시리아 임금이 살만에세르 5세였다고 말하고, 아시리아 실록에서는 사르곤 2세였다고 말합니다).

예언자 이사야

처음 질문을 다시 생각해 봅니다. 아하즈는 어디에 의지해야 했을까요? 아시리아에게 의지하는 것이 답이 될 수 있었을까요? 물론 그렇게 해서 유다 왕국은 멸망을 피했습니다. 하지만 유다 임금이 자신을 아시리아 임금의 "종이며 아들"이라고 말했다면, 이미 유다의 운명은 기울고 있는 것입니다.

무엇을 믿어야 할까요? 이사야는 아람과 이스라엘이 "타고 남아 연기만 나는 장작 끄트머리"(7,4)에 지나지 않는다고 말하며 아하즈에게 두려워하지 말라고 합니다. 아시리아도 믿고 의지할 대상은 되지 못합니다. 아시리아가 영원히 유다 편이 되어 줄까요? 사십 년이 채 지나기 전에, 시리아와 북 왕국 이스라엘을 멸망시킨 아시리아는 아하즈의 아들 히즈키야가 통치하고 있는 유다를 공격할 것입니다(기원전 701년, 이사 36-37장 참조). 아시리아가 유다의 요청을 들어준 것은 유다를 도와주기 위해서가 아니라 자신들의 세력을 확장하기 위해서였습니다. 너무나 뻔한 국제 관계를, 아하즈는 왜 보지 못했을까요?

이사야는 예루살렘이 공격을 받고 있는 상황에서 아하즈에게 "너희가 믿지 않으면 정녕 서 있지 못하리라"(7,9)고 말합니다. 사십 년 후 아시리아가 유다를 공격하리라는 것, 그리고 이것이 우방인 양 약소국을 도와주는 강대국의 전형적인 태도라는 것을 생각해 보십시오. 전쟁 속에서 하느님을 믿으라는 이사야가 더 비현실적입니까, 아니면 강대국 아시리아의 도움을 받으려는 아하즈가 더 비현실적입니까?

믿느냐 믿지 못하느냐, 이 결정에 따라 미래가 달라집니다. 이사야가 아하즈를 만나러 갈 때 하느님의 명에 따라 함께 데려간 아들의 이름이 "스아르 야숩"(7,3)이지요. '남은 자가 돌아오리라'는 뜻인데, 남은 자가 있으리라는 희망의 약속일 수도 있고, 남은 자들만이 돌아오리라는 심판의 선고를 뜻할 수도 있습니다. 어떤 경우이든 하느님의 약속을 믿는 이들만이 '남은 자'가 될 수 있을 것입니다.

06

"임마누엘"(7,14)

조선 시대에 한 임금이 어느 날 갑자기 세자 책봉을 서둘렀다면, 이유는 무엇이겠습니까? 임금이 병에 걸렸거나, 반란의 조짐이 있었거나, 어떤 식으로든 왕권이 흔들렸기 때문일 것입니다. 그런 상황에서 세자 책봉은 왕권을 안정시키기 위한 조처가 될 수 있었습니다. 왕권을 두고 분열이 극심한 상황이라면, 세자가 될 아들이 태어난 것만으로도 조정은 훨씬 안정이 되었을 것입니다.

"표징을 청하여라"(7,11)

시리아-에프라임 전쟁 때에, 유다에 쳐들어온 아람 임금 르친과 이스라엘 임금 페카는 "타브알의 아들을 임금으로 세우자"(7,6)고 했습니다. 유다 임금 아하즈는 왕위를 위협받고 있습니다. 다윗 왕조가 불안합니다. 이때 임금의 마음은 "숲의 나무들이 바람 앞에 떨듯"(7,2) 떨렸다고 했습니다. 이사야는 이것이 믿음의 문제라고 말합니다. 아마도 이 시기에 아하즈에게는 아직 아들이 없었던 것으로 생각됩니다. 하느님은 "너의 집안과 나라가 네 앞에서 영원히 굳건해지고, 네 왕좌가 영원히 튼튼하게 될 것이다"(2사무 7,16)라고 약속하셨는데, 지금 그 약속이 위협받고 있는 것입니다. 이러한 순간에, 다윗 왕조와 예루살렘을 선택하신 하느님을 믿을 수 있는가? 아하즈의 믿음이 시험을 받습니다.

그렇지 않아도 전쟁 때문에 마음이 불안한 아하즈 임금에게, 이제 하느님께서 또 하나의 도전장을 던지십니다. "너는 주 너의 하느님께 너를 위하여 표징을 청하여라"(7,11). 지금 하느님은, 불안해하는 아하즈의 불신을 드러내 보이려 하십니다. 아하즈는 주님을 시험하지 않겠다는 훌륭한 이유를 대며 표징을 청하지 않습니다.

어느 성인이, 표징은 믿지 않는 사람들에게 필요한 것이라고 말했던가요? 어떻게 보면 아하즈의 태도는 의심 없는 믿음의 표현 같습니다. 하지만 그가 하느님을 성가시게 한다는 (7,13) 이사야의 반응에서 알 수 있듯이, 표징을 청하지 않은 것은 훌륭한 믿음의 증거가 아니었습니다. 하느님 편에서 아무 말씀이 없었는데 그가 표징을 요구했다면 그것은 주님을 시험하는 일이 될 수 있었겠지요. 유딧기에서, 날짜를 정해 놓고 하느님께서 개입하시는지 시험하려 하던 배툴리아 주민들에게 유딧은, 그러한 시도가 사람에 지나지 않으면서 하느님의 자리에 서려고 하는 것이라고 말합니다(유딧 8,12 참조). 그러나 아하즈의 경우는 이와 다릅니다. 그는 하느님께서 표징을 보여 주려 하시는 것을 거부함으로써 하느님과 직접 대면해야 하는 믿음의 시험을 피하려 합니다.

하느님이 표징을 보여 주신다고 해서 사람들이 쉽게 믿게 되는 것은 아닙니다. 예수님이 하신 기적들을 기억해 보면 됩니다. 그 표징들은 오히려 믿는 이들과 믿지 않는 이들을 분명히 드러나게 했습니다. 표징은 믿음의 결단을 요구하고, 믿지 못하는 이들이 누구인지를 보여 줍니다. 지금 아하즈에게 표징은 그와 같은 결단의 순간을 가져올 것입니다. 표징을 보여 주신다면 아하즈는 그 표징에 대해 자신의 믿음, 또는 불신을 표명해야 하기 때문입니다. 아하즈는 애써 숨기고 있는 자신의 속마음을 드러내기 싫었을 테지요. 그러나 그 도전은 피할 수 없습니다. 하느님께서는 결국 아하즈로 하여금 자신의 불신을 보게 하십니다.

"젊은 여인이 잉태하여 아들을 낳고"(7,14)

하느님께서 아하즈에게 보여 주시는 표지가 아들의 탄생입니다. 여기서, 이사야 예언자의 말을 인용하며 "동정녀가 잉태하여 아들을 낳으리니 그 이름을 임마누엘이라고 하리라"고 말하는 마태오 복음 1,23은 잊어야 합니다. 먼저 아하즈의 입장에서 이사야의 선포를 들어야 하기 때문입니다.

 일차적으로 이 표징은 아하즈에게 주어집니다. 따라서 칠백 년도 더 지난 다음에 예수님이 태어나시리라는 것은 아하즈에게 주어지는 표징이 될 수 없습니다. 아하즈가 예수님의 탄생을 기다리고 확인해서 지금 선포되는 말씀을 믿을 증거로 받아들일 수 있을까요? 어려운 이야기입니다. 또한 칠십인역 그리스어 번역본에서는 이 구절을 "동정녀가 잉태하여

…"라고 옮기고 있지만, 히브리어 본문에 사용된 단어가 꼭 처녀를 지칭하는 단어는 아닙니다. 결혼을 했든 하지 않았든 그저 젊은 여인을 가리킵니다. 더구나 그 단어 앞에 관사가 붙어 있어("그 젊은 여인"), 이사야와 아하즈는 그 여인이 누구인지 알고 있는 것으로 보입니다.

그렇다면 그 여인은 누구일까요? 여러 가지 의견이 있지만 가장 일반적으로는 아하즈의 아내라고 생각합니다. 유다교 전통에서는 늘 이 "젊은 여인"이 아하즈의 아내 아비야를 가리키고 태어날 아기는 히즈키야라고 여겼습니다. 물론 절대적으로 확실하다고 말할 수는 없지만, 상당히 가능성이 있는 해석입니다. 다른 의견으로는, 이사야의 아들을 가리킨다고 보기도 합니다.

실망하셨습니까? 글쎄요, 제가 만일 아하즈였다면, 표징이 칠백 년 후에 주어지리라고 했다면 더 난감했을 것입니다. 지금 문제는 다윗 왕조가 불안하다는 것입니다. 이러한 순간에 아하즈에게 아들이 태어난다면 그것은 하느님께서 영원하리라고 말씀하셨던 그 왕조의 미래를 보증해 주는 약속의 표지가 될 수 있습니다. 표징이라고 해서 꼭 동정녀 잉태와 같은 기적이어야 할 필요는 없습니다. 어쩌면 평범하게 보이는 한 아기의 탄생도 위기 상황에서는 대단히 중요한 표징이 될 수 있습니다. 다윗 왕조가 무너질 수도 있는 위기에 아하즈의 아내가 아들을 낳는다면, 만약 조선 시대 임금이라면 그 어린 아기를 바로 세자로 책봉했을지도 모를 일입니다. 그 아기는 "임마누엘", 하느님께서 우리와 함께 계심을 보여 줍니다.

"주님께서 몸소 여러분에게 표징을 주실 것입니다"(7,14)

그런데 하느님을 믿지 못하여 그분을 성가시게 했던 아하즈에게(7,13 참조) 하느님께서 주신 표징은 구원의 표징이었을까요, 심판의 표징이었을까요?

대개 구원의 표징이라고 생각합니다. 삼손의 탄생(판관 13장), 세례자 요한의 탄생(루카 1,5-25) 등 아기의 탄생은 흔히 이스라엘에게 구원의 시작을 알리는 기쁜 소식입니다. 더구나 예언자를 통하여 전해진 "임마누엘"이라는 이름은 위험에 처한 다윗 왕실에 하느님께서 함께 계심을 말해 줍니다. 그 아기가 "엉긴 젖과 꿀을"(7,15) 먹게 되리라는 것도 풍요의 약속으로 볼 수 있고("젖과 꿀이 흐르는 땅": 탈출 3,8.17; 13,5; 예레 11,5; 에제 20,6.15 등 참조), "임금님께서 혐오하시는 저 두 임금의 땅은 황량하게 될 것입니다"(7,16)라는 선언 역시 시리아-에프라임 전쟁을 일으킨 두 나라에 대한 심판 선고이니 아하즈에게는 좋은 소식이겠지요.

하지만 이사야가 아하즈에게 말하는 어조는 차갑게 느껴지기도 합니다. 하느님을 성가시게 한 아하즈에게 하느님은 과연 어떤 대답을 하실까요? 이사야는 아하즈에게, 그 하느님을 지칭하여 "나의 하느님"(7,13)이라고 말합니다. 아하즈가 그분을 하느님으로 공경하지 않고 있기 때문일까요? 또한 아기가 태어나리라는 이사야의 선포는, 믿지 않으려고 하는 아하즈에게 "이걸 봐라!"라는 식의 경고가 될 수도 있습니다. "젖과 꿀"이 꼭 좋은 음식을 뜻하는 것은 아니라고 보기도 합니다. 정착 생활을 하며 농사가 잘되면 빵과 포도주를 먹겠지요. 어떤 이들은 17절에서 "아시리아 임금을 시켜"가 후대에 첨가된 것이라고 보아, "에프라임이 유다에서 떨어져 나간 날 이후 겪어 본 적이 없는 날들"이 지금까지 없던 큰 재앙을 뜻한다고 보기도 합니다.

어쩌면 모든 것은 아하즈의 믿음에 달려 있는지도 모르겠습니다. 앞에서, 표징이 주어진다면 그 표징은 믿음의 결단을 요구하리라고 했습니다. 아하즈가 믿음으로 하느님께 의탁하고자 하는 마음이 있었다면 임마누엘의 탄생은, 예수님의 상처를 확인하려 했던 토마스 사도가 "저의 주님, 저의 하느님!"(요한 20,29)이라고 고백했던 것처럼, 하느님께 대한 믿음을 온전히 끌어안는 계기가 되었을 것입니다. 하지만 아하즈가 마음을 닫고 계속 하느님 아닌 다른 무엇에 의지하려 하고 있었다면, 하느님께서 보여 주시는 표징은 다마스쿠스로 가는 길에서 바오로를 말에서 떨어지게 하신 것과 같이(사도 9,3-4) 그를 꺾어 놓으시는 하느님 권능의 심판이 되었을 것입니다.

예수님이 토마스에게 "너는 나를 보고서야 믿느냐? 보지 않고도 믿는 사람은 행복하다"(요한 20,29)라고 말씀하시듯이, 표징은 아하즈의 약한 믿음을 위해서 주어집니다. 아하즈가 다윗 왕조를 지켜 주시는 분이 하느님이심을 믿고 그분께 모든 것을 맡길 수 있도록, 이 위기의 때에 장차 그의 왕위를 이어갈 아들이 태어나게 되는 것입니다.

"동정녀가 잉태하여 아들을 낳으리니"(마태 1,23)

하느님께서 우리와 함께 계심을 보여 주는 표징, 마태오 복음서는 예수 그리스도가 바로 그 표징이라고 우리에게 알려 줍니다. 히브리어 성경에서는 "젊은 여인"(히브리어 '알마')이라고 되어 있었지만 칠십인역 그리스어 이사야서에는 이미 "동정녀가 잉태하여…"라고 번역이 되어 있었고(그리스어 '파르테노스'), 마태 1,23은 칠십인역의 이사야서 말씀을 그대로 인용합니다.

신약성경 본문에 더 익숙한 그리스도인들은, 이사야가 아하즈에게 예고한 임마누엘의 탄생이 예수님을 가리키는 것이 아니라 아하즈의 아들을 가리킨다는 설명을 받아들이기 어려워하기도 합니다. 이를 이해하기 위해서는 이사야서의 한 구절에 몰두하기보다 구약과 신약이 어떤 관계에 있는지를 멀리서 바라보는 것이 좋습니다.

구약에서 하느님은 이스라엘 백성에게 당신 자신을 서서히 계시하셨습니다. 당신께서 그들과 함께 계심을, 역사의 여러 사건을 통해 보여 주셨습니다. 그러나 "여러 번에 걸쳐 여러 가지 방식으로 조상들에게 말씀"하셨던 하느님께서는 "이 마지막 때에는 아드님을 통하여 우리에게 말씀하셨습니다"(히브 1,1-2). 예수님은 그 하느님의 모습을 남김없이 보여 주십니다. 아하즈에게 함께 계시겠다고 약속하신 하느님은, 때가 찼을 때 동정 마리아에게서 태어나신 예수 그리스도를 통하여 친히 이 세상에 오시어 우리와 함께 머무르십니다. 그분 안에서 하느님께서 가장 온전한 의미로 우리와 함께 계십니다. 아하즈에게 주셨던 표징보다 무한히 더 분명한 증거가 여기에 있습니다.

07

"우리에게 한 아기가 태어났고"(9,5)

"동해물과 백두산이 마르고 닳도록 하느님이 보우하사 우리나라 만세…." 애국가의 가사가 만들어진 시기는 대략 1900년대 초라고 추정할 뿐, 정확한 연도를 알 수는 없다고 합니다. 어쨌든 그 가사는 임시정부 시절에 널리 불렸습니다. 나라를 잃은 사람들이 부른 당시의 애국가는, 1980년대 매일 텔레비전 방송이 시작되고 끝날 때 흘러나왔던 애국가와는 다른 느낌을 줍니다. 독립군들이 불렀던 애국가! 지금 우리에게 없는, 그러나 있어야 할 어떤 것을 노래하는 비장함이 느껴지지요. 그런데 저는 이사 8,23-9,6의 '태어난 아기'에 대한 말씀을 들을 때면 늘 그런 비장함이 느껴집니다. 왜 그럴까요?

훌륭한 임금에 대한 기대

이사 8,23-9,6과 11,1-9은 7장의 임마누엘 예언에 이어지는 단락으로서 훌륭한 임금에 대한 기대를 표현합니다. 앞서 7,14의 임마누엘이 일차적으로 아하즈의 아들 히즈키야를 가리켰던 것처럼, 이 본문에서도 가장 먼저 떠오르는 인물이 있습니다. 다윗, 요시야와 더불어 다윗 왕조에서 가장 훌륭한 임금 세 명 가운데 하나로 꼽히는 히즈키야가 바로 그 인물입니다.

그런데 그 "평화의 군왕"(9,5)이 다스리는 시대는 아직 오지 않았습니다. "옛날에는 즈불룬 땅과 납탈리 땅이 천대를 받았으나"(8,23)라는 구절을 보면, 이것은 북 왕국 이스라엘이 아시리아의 공격에 시달리던 때를 나타내는 듯합니다. 그러나 "앞으로는 … 영화롭게 되리이다"(8,23)라고 하니, 아직은 완전히 성취되지 않았다는 말입니다.

이러한 본문은 어떤 배경에서 선포되었을까요? 9,5에 따르면 그 아기는 태어났고 우리에게 주어졌습니다. 장차 임금이 될 그 아기가 태어났다는 뜻일 수도 있습니다. "젊은 여인이 잉태하여 아들을 낳고"(7,14)라고 했지요. 그 표징이 이제 주어진 것일 수 있습니다.

더 가능성이 큰 것은, 지금 임금이 즉위한다고 보는 것입니다. 이렇게 보는 이유는 9,5에 임금을 기리는 여러 호칭이 언급되어 있기 때문입니다. 고대 이스라엘 주변 문화에서는 임금이 즉위할 때, 그에게 여러 호칭을 부여하곤 했습니다. 아기가 태어났다는 표현도 임금의 즉위를 배경으로 이해할 수 있습니다. 이와 유사한 내용을 군왕 시편인 시편 2편에서 볼 수 있습니다. 하느님께서 "내가 나의 임금을 세웠노라!"(시편 2,6) 하고 선포하시므로 이 시편을 임금의 즉위를 위한 시편으로 보는데, 여기서 하느님은 그 임금에게 "너는 내 아들. 내가 오늘 너를 낳았노라"(시편 2,7) 하고 말씀하십니다. 고대 이집트에서는 파라오의 아들이 태어날 때부터 신의 아들로 간주되었지만, 이와 달리 이스라엘에서는 임금이 즉위하는 순간 하느님의 아들로 입양된다고 여겼기 때문입니다. 그래서 우리도 이사야서의 이 본문을 임금의 즉위라는 맥락에서 읽으려고 합니다.

"평화의 군왕"(9,5)

그 임금에게 주어지는 호칭들을 하나씩 살펴봅시다. 9,5에는 "놀라운 경륜가, 용맹한 하느님, 영원한 아버지, 평화의 군왕"(9,5)이라는 이름들이 언급됩니다.

하나씩 살펴보면 "놀라운 경륜가"는 '놀라움의 기획자'입니다. 이 말은 '놀라운 기획자'라고 이해할 수도 있고 '놀라운 일을 기획하는 자'라고 이해할 수도 있습니다.

"용맹한 하느님"은 당황스러울 수도 있습니다. 하느님이라는 호칭을 임금에게 적용시키고 있기 때문입니다. 이사 10,21에서는 같은 수식어가 하느님께 사용되기도 합니다("용맹하신 하느님"). 그러나 하느님의 호칭이 사람에게 쓰이는 예는 구약성경의 다른 곳에서도 볼 수 있습니다. 심지어 시편 45,7에서는 임금에게 "오, 하느님 같으신 분!"이라고 하는데, 이것도 우리말 《성경》에서 표현을 다듬은 것일 뿐 히브리어 원문은 "하느님!"입니다. 임금을 하느님이라고 부르고 있는 것입니다.

"영원한 아버지"도 현대인의 감각에는 과도하게 보일 수 있지만, 본래 의미는 임금이 백성의 아버지라는 뜻입니다.

"평화의 군왕"이라는 호칭도 난점이 있기는 합니다. '군왕'이라고 번역된 단어(히브리어 '사르')가 사실 임금을 뜻하지 않고 고위 관리를 뜻하기 때문입니다. 그러나 유다인들은 장차 올 메시아 임금을 '평화의 임금'이라고 부르기도 하는데, 평화가 그 임금의 중요한 특징이기 때문입니다.

설명이 길어져서 한번 쉬어가야 하겠습니다. 여기서 질문을 던져 봅니다. 이 호칭들은 과연 얼마나 현실에 부합할까요? 다윗 왕조의 임금들 가운데 히즈키야가 '비교적' 훌륭한 임금이었던 것은 사실입니다. 그러나, 만일 그가 임금으로 즉위할 때 이러한 이름들을 그에게 붙여 주었다면, 그의 임기 말엽에는 실망했을지도 모릅니다. 이사야 예언자도, 아시리아군이 쳐들어올 때 이집트에 의지하려 하고(31장) 나중에는 바빌론과도 손을 잡아 보려 했던(39장) 히즈키야를 꾸짖을 것입니다.

이제 9,5의 호칭들을 읽을 때에 느껴지는 비장함의 정체가 무엇인지 나타나기 시작합니다. 그 비장함은, 히즈키야든 누구든 다윗 왕조의 어느 임금도 이러한 호칭에 훌륭하게 부합

하지 못했다는 데에서 생겨나는 것입니다. 우리는 이 호칭들에서, 이사야 예언자의 선포가 얼마나 엄청난 것인지를 느낄 수 있습니다.

"그 왕권은 강대하고"(9,6)

이제 그 임금의 통치에 대한 묘사를 좀 더 살펴봅시다. 대략 두 가지로 요약할 수 있는데, 영원한 왕권과 평화입니다.

"다윗의 왕좌와 그의 왕국 위에 놓인 그 왕권은 강대하고 그 평화는 끝이 없으리이다"(9,6). 그 임금은 다윗의 왕좌에서 강대한 왕권을 행사할 것이며, 이제부터 영원까지 그 왕국을 굳게 지켜 갈 것입니다. 이 내용은 2사무 7장에 나오는 나탄의 예언에 가깝습니다. 다윗이 하느님께 집(성전)을 지어 드리려고 했을 때, 하느님은 오히려 당신께서 그에게 영원한 집(왕조)을 주겠다고 약속하십니다. 나탄의 이 예언은 구약성경에서 대단히 중요한 본문입니다. 메시아 사상의 근원이 되기 때문입니다.

다윗 왕조가 건재한 동안 이 예언이 다윗 왕조를 지탱하는 신학적 기반이 될 수 있었다면, 바빌론의 침략으로 다윗 왕조가 무너진 다음에는 이 예언이 하느님의 약속을 믿는 이들에게 희망의 근거가 됩니다. 다윗 왕조가 무너졌어도 하느님의 약속은 무너질 수 없기 때문입니다. 여기에서부터 장차 올 메시아 '다윗의 후손'에 대한 기다림이 싹틉니다.

이사야서의 예언도 같은 맥락에서 이해할 수 있습니다. 이사야 예언자는 "이제부터 영원까지 … 그 왕국을 굳게 세우고 지켜 가리이다"(9,6)라고 말합니다. 그러나 다윗 왕조는 언젠가는 무너지고 맙니다. 그러면 이 선포는 우리에게 다시 기다림을 남길 것이고, 이스라엘의 희망은 미래를 향하여 열릴 것입니다. 이렇게 해서 나탄의 예언과 이사야의 선포는 왕조 신학을 넘어 메시아 희망으로 발전합니다.

"그 평화는 끝이 없으리이다"(9,6)

그 임금의 통치에서 두 번째 특징은 평화입니다. 평화라는 주제는 이 본문에서 매우 중시됩니다. 그 시대에는 "땅을 흔들며 저벅거리는 군화도 피 속에 뒹군 군복도 모조리 화염에 싸여 불꽃의 먹이가 됩니다"(9,4). 군왕 메시아에 관한 다른 본문인 이사 11,1-9에서도 평화는 메시아 시대의 특징입니다. "늑대가 새끼 양과 함께 살고…"(11,6).

그러나 예언자가 "앞으로는"(8,23) 이렇게 되리라고 노래하는 것은 지금의 현실이 그렇지 않기 때문입니다. 평화를 이야기하는 본문에는 평화와 반대되는 표상이 여럿 나타납니다. 멍에, 장대, 부역 감독관의 몽둥이, 저벅거리는 군화, 피에 뒹군 군복. 어디서 이런 표현들이 나왔을까요? 네, 현실에서 나왔습니다. 현실이 정말로 평화롭다면 피에 뒹군 군복을 불에 태울 필요가 없습니다. 피에 뒹군 군복이 없을 테니까요. 지금 이사야가 눈앞에 보고 있는 현실은 끝없는 전쟁으로 뒤흔들리고 있는 세상입니다. 그 몽둥이가 부서지고 군화와 군복이 불에 타 없어지는 것은 현실과 반대되는 이상입니다. 그래서 바로 이 본문이 비장합니다.

"만군의 주님의 열정이 이를 이루시리이다"(9,6)

아직 이루어지지 않았다 하더라도, 하느님의 약속은 살아 있습니다. 다윗 왕조가 무너진 후에라도 하느님은 이 약속을 이루십니다. 이사야서에 이 본문이 남아 있는 것은 그러한 믿음 때문이었습니다.

그리고 우리는 신약성경에서 이 약속들이 이어지며 이루어지기 시작하는 것을 봅니다. "임마누엘"(마태 1,23)이라는 이름으로 태어나신 예수님이 갈릴래아에서 공생활을 시작하며 복음을 선포하실 때 "이민족들의 지역"(8,23)인 갈릴래아에서 "어둠 속을 걷던 백성은 큰 빛을 봅니다"(9,1: 마태 4,15-16 참조). 마리아에게서 태어날 아기는 "조상 다윗의 왕좌"에서 "영원히 다스리시리니 그분의 나라는 끝이 없을 것"입니다(루카 1,32-33). "만군의 주님의 열정이"(9,6) 이 일을 이루실 것이기에, 인간 역사에서 그 실현이 불가능하게 보인다 하더라도 언젠가 그 일은 꼭 성취됩니다. 이사야서의 예언은 그 실현을 향해 가는 길 위의 이정표였습니다.

08

> "내 백성 이집트야, 내 손의 작품 아시리아야,
> 내 소유 이스라엘아!"(19,25)

어느 잡지에서 매달 주제를 바꿔 가며 빈칸에 넣고 싶은 말을 공모하는 것을 보았습니다. 이를테면 '나에게 가족은 ___이다'라는 식의 문장에 각자 떠오르는 단어를 쓰는 것이었습니다. 이제, 이사야가 살던 시대 유다 왕국의 주민들에게 이런 질문을 했다고 상상해 봅시다. "___에 대한 신탁." 참고로 이사야서에서 신탁이라고 일컬어지는 본문들은 거의 심판 선고입니다. 기원전 8세기 하느님께서 어떤 나라를 심판하겠다고 말씀하신다면, 당시 유다인들은 어느 나라를 가장 먼저 떠올렸겠습니까? 아마도 기원전 8세기 근동 지방의 가장 큰 세력, 모든 전쟁의 원천, 나훔이 그 수도를 "피의 성읍"(나훔 3,1)이라고 불렀던 나라, 아시리아일 것입니다. 아모츠의 아들 이사야가 활동하던 시대, 전쟁에 시달리던 유다인들은 '아시리아에 대한 신탁'을 기다렸을 것입니다.

민족들에 대한 심판(13-23장)

아모스서, 에제키엘서, 예레미야서 등 여러 예언서에서 이스라엘이 아닌 다른 민족들에 대한 심판 선고를 볼 수 있습니다. 대부분 이스라엘에 대한 심판이 먼저 선고된 후에 다른 민족들에 대한 심판이 내려지고 마지막으로 이스라엘의 구원이 예고됩니다. 이사야 예언서 제1부에서, 다른 민족들에 대한 심판은 거의 13-23장에 모여 있습니다. 이 부분에서 특징적으로 사용되는 단어가 '신탁'입니다. 성경의 다른 책들에서는 '신탁'이 꼭 심판 선고만을 지칭하는 것은 아니지만(예를 들어 말라 1,1), 이사야서 13-23장에서는 일정하게 어떤 한 민족에 대한 심판 선고를 도입하는 맥락에서 사용됩니다.

그런데 이상합니다. '아시리아에 대한 신탁'이 매우 적습니다. 이 '신탁'들은 바빌론에 대한 신탁(13,1-14,23), 모압에 대한 신탁(15,1-16,14), 다마스쿠스에 대한 신탁(17,1-11), 이집트에 대한 신탁(19,1-25), 바닷가 광야(바빌론)에 대한 신탁(21,1-10), 두마(에돔족)에 대한 신탁(21,11-12), 드단족(아라비아)에 대한 신탁(21,13-17), '환시의 계곡'에 대한 신탁(22,1-

14), 티로에 대한 신탁(23,1-18)으로 구분되어 있고, 도입하는 말이 조금 다르기는 하지만 필리스티아에 대한 신탁도 있습니다(14,28-32).

아시리아에 대한 심판이 거의 없다는 것을 어떻게 이해할 수 있을까요? 추리력을 동원해 본다면, "바빌론에 관한 신탁"이 힌트입니다. 아시리아를 멸망시킨 것이 바빌론인데, 여기서는 더 나아가서 바빌론의 멸망을 예고합니다. 그렇다면 이 신탁들 가운데 많은 부분이 이사야의 시대가 아니라 더 늦은 시기에 작성되었다는 것이지요. 13-23장 전체가 같은 시대, 같은 저자에 의해 작성된 것으로는 보이지 않습니다. 그러나 적어도 바빌론 임금의 종말을 고하고(14,3-21) 이스라엘의 귀향을 선포하는 단락(14,1-2)은 명백하게 더 늦은 시대를 배경으로 합니다.

아시리아에 대해서는(10,5-19)

그러면 먼저, 아시리아가 어떻게 될 것인지를 이사야 예언서 제1부에서 찾아봅시다. 이사야서에서 아시리아에 대해 심판을 선고하지 않을 수는 없습니다. 아시리아에 대한 심판 선고는 더 일찍, 10,5-19에 나옵니다. 이사야 자신도 사십 년이나 활동했고, 그 시기 내내 아시리아는 위협적이었으므로 정확한 연대를 말하기는 어렵지만, 이 단락에서 아시리아는 하느님의 "진노의 막대"(10,5)라고 일컬어집니다.

엄청난 군사력을 지녔던 아시리아는 주변의 여러 나라를 짓밟았습니다. 시리아-에프라임 전쟁 때 유다의 아하즈는 아시리아의 힘을 빌려 시리아와 북 왕국 이스라엘을 막아 냈습니다. 하지만 그 이후 남 왕국 유다는 망하지 않고 명맥을 이어갈 뿐, 정치·경제적으로나 또 종교적으로나 사실상 아시리아의 영향을 벗어날 수 없었습니다. 그러니 당시 유다에게도 아시리아는 단순한 우방일 수가 없습니다. 군사적 도움을 받았기에 조공을 바치지 않을 수 없는 그런 상대였습니다.

이사야 예언자는 이러한 아시리아가 하느님의 도구였다고 말합니다(5,26-29; 7,18-25; 8,5-8 참조). 하느님께서는 "나는 그를 무도한 민족에게 보내고 나를 노엽게 한 백성을 거슬러 명령을 내렸으니"(10,6)라고 말씀하십니다. 여기서 말하는 "무도한 백성"은 아시리아가 아니라 하느님을 거스른 백성입니다. 아시리아가 대단해서 세상을 지배하는 것이 아니었습니다. 아시리아의 손에 들린 몽둥이는(10,5) 하느님을 믿지 못했던 당신 백성에 대한 하느님의 분노였습니다. 주님께서는 "시온 산과 예루살렘에서 하실 일"(10,12)을 위해 아시리아를 사용하십니다. 북 왕국 이스라엘을 멸망시켰고 나중에는 남 왕국 유다에도 침공하여 예루살렘을 제외한 대부분의 성읍을 함락시킨 아시리아, 그 아시리아를 움직인 근원은 하느님이셨습니다.

그런데 아시리아는 그러한 사실을 알지 못하고 "내 손의 힘으로, 내 지혜로"(10,13) 세상을 정복했다고 여겼습니다. 우상을 섬기는 다른 나라들을 멸망시킨 것과 똑같이 이스라엘도 자기 힘으로 굴복시켰다고 믿었습니다. 하느님께서 자신을 도구로 쓰신 것을 알지 못했던 것입니다.

그래서 하느님은 그 교만을 벌하십니다. "도끼가 도끼질 하는 사람에게 뽐낼 수 있느냐?"(10,15) 하느님은 아시리아가 자신의 위치를 깨닫도록 그 영화가 사라지게 하시고 그를 멸망시키십니다(10,16-19). 고전적인 주제입니다. "하늘까지" 닿으려고 했던 사람들이 세운 바벨탑이 그 상징이지요(창세

11,1-9). 인간이 자신에게 능력을 주시는 하느님을 알아뵙지 못하고 스스로 잘난 줄 알고 있을 때, 하느님께서 그를 꺾으시는 것입니다. 언젠가 아시리아는, 자신이 지녔던 그 막강한 힘도 오직 하느님으로부터 오는 것이었음을 인정해야 할 것입니다. 그리고 자신의 그 힘을 올바로 사용하지 않고 불의와 억압에 사용한 값을 치러야 할 것입니다. "인간의 거만한 눈은 낮아지고 사람들의 교만은 꺾이리라. 그날 주님 홀로 들어 높여지시리라"(2,11). 역사를 쥐고 계시는 "이스라엘의 거룩하신 분"(10,17)의 주권이 드러나는 순간입니다.

"바빌론에 관한 신탁"(13,1)

13-23장에서 선포되는 여러 민족에 대한 심판 역시 같은 신학을 배경으로 합니다. 하늘까지 오르려고 하는 인간들, 세상의 역사가 자신의 손안에 있다고 생각하는 이들을 하느님은 심판하시어 역사의 주인이 오직 하느님임을 깨닫게 하십니다. 하느님은 팔레스티나의 작은 땅만을 다스리시고 이스라엘만을 통치하시는 것이 아닙니다. 모압, 필리스티아, 이

집트는 물론이고 저 멀리 에티오피아까지(18,1-7), 이민족들에게도 신탁이 내린다는 것은 그들 역시 하느님의 지배 아래 있음을 의미합니다.

우리나라의 국법은 우리나라 국민을 대상으로 하지요. 바다 건너 다른 나라에 사는 사람을 우리나라 법정에서 재판하지는 않습니다. 마찬가지입니다. 티로와 시돈과 시리아가 하느님의 통치 영역이 아니라면, 어떻게 하느님께서 그 민족들에게 심판을 선고하실 수 있습니까? 이것은 이사야 예언서 제2부에 가면 더 중요하게 부각될 주제입니다. 땅의 구역이 나누어져 있어서 여러 신이 자신의 구역과 자신의 백성을 가지고 있는 것이 아니라, 온 세상 모든 민족이 한 분이신 하느님의 통치 아래 있다는 것입니다. 민족들에 대한 심판 선고의 핵심은 바로 여기에 있습니다.

13-14장에 실려 있는 바빌론에 관한 신탁은 이미 바빌론이 메디아인들에 의해 멸망하게 될 것까지 예고하고 있습니다(13,17 참조). 물론 기원전 8세기의 본문이 아니라 유배 중의 본문입니다. 하지만 여기에서 선포되는 내용은 앞서 아시리아에 대해 선포된 내용을 이어갑니다. 곧 기원전 8세기에 아

시리아에 대해 선포되었던 말씀이, 더 후대에는 과거의 아시리아와 같은 역할을 하고 있는 바빌론에게 선포되는 것입니다. 바빌론 역시 "나는 하늘로 오르리라. 하느님의 별들 위로 나의 왕좌를 세우고 북녘 끝 신들의 모임이 있는 산 위에 좌정하리라. 나는 구름 꼭대기로 올라가서 지극히 높으신 분과 같아져야지"(14,13-14)라고 생각했습니다. 하느님의 통치권을 인정하고 그분의 도구로서 땅을 다스린 것이 아니라 자신이 하느님의 위치에 앉으려고 한 것입니다. 그러다가 "저승으로, 구렁의 맨 밑바닥으로"(14,15) 떨어집니다.

네부카드네자르를 주인공으로 내세우는 다니엘서 4장의 줄거리가 떠오릅니다. 이 이야기에 따르면, 땅끝까지 통치하던 네부카드네자르는 왕궁 옥상을 거닐다가 "이것이 대바빌론이 아니냐? 내가 영광과 영화를 떨치려고 나의 강력한 권세를 행사하여 왕도로 세운 것이다"(다니 4,27)라고 말하는 순간에 하느님의 심판을 받아 왕권을 잃고 쫓겨납니다. 네부카드네자르가 인간들의 나라를 다스리는 분이 하느님이시고, 왕권도 그분으로부터 온다는 것을 깨달은 다음에야 다시 이전의 영광과 영예를 되찾게 됩니다. 이것이 다른 민족들에 대한 심판을 통해 하느님께서 이스라엘을 깨우쳐 주고자 하시는 가르침입니다.

"복을 받아라, 내 백성 이집트야"(19,25)

6,13의 "그 그루터기는 거룩한 씨앗이다"라는 말씀에서 보았듯이, 하느님께서 이스라엘을 치실 때 그 목적은 멸망이 아니라 구원이었습니다. 그것은 다른 민족들을 치실 때에도 마찬가지입니다.

하느님께서 아시리아를 꺾으시고 바빌론을 치신 것은 그들이 거룩하신 하느님의 통치권을 인정하지 않았기 때문입니다. 심판의 목적은 그들이 하느님을 알게 하는 것입니다. 그리고 그때 하느님께서는 "복을 받아라, 내 백성 이집트야, 내 손의 작품 아시리아야, 내 소유 이스라엘아!"(19,25)라고 말씀하십니다. "내 백성", "내 손의 작품"은 본래 이스라엘에게 적용되는 표현입니다. 하지만, 이스라엘의 전통적인 원수였던 이집트와 아시리아가 하느님을 알게 될 때 하느님은 그들을 축복하십니다. "그날에 이스라엘은 이집트와 아시리아에 이어 세 번째로 이 세상 한가운데에서 복이 될 것이다"(19,24).

이스라엘에게 이 말씀이 얼마나 받아들이기 어려운 말씀이었을지 생각해 보십시오. 심판 선고에 '___에 대한 신탁'이라는 제목이 있다면 이스라엘은 거기에 '이집트에 대한 신탁, 아시리아에 대한 신탁'이라고 쓰고 싶었을 것입니다. 그런데 하느님은, 그들에 대한 심판마저도 그들이 당신을 알아 구원을 얻는 길이 되게 하십니다.

09

"주님인 나는 이 포도밭을 지키는 이"(27,3)

열 살 때쯤이었던 것 같습니다. 저녁놀이 유난히 붉었던 어느 날, 동네 뒷산이 온통 빨갛게 보였습니다. 왠지 무서운 생각이 들었습니다. 아직 제대로 알아듣지 못했던 요한 묵시록의 표현들도 생각났습니다. 해가 흔들리고 달이 붉어진다고 했던가요? 그때 친구들 몇 명이, 자고 일어나면 세상이 멸망할지도 모른다는 상상을 했습니다. 땅이 붉게 물들고 사람들은 모두 죽어 온 세상이 텅 비어 있는 장면이 눈앞에 떠올랐습니다. 이것이 바로 어린 제가 '묵시록'에 비추어 상상했던 지구의 종말이었습니다.

'묵시록'이란

우리에게 가장 잘 알려진 묵시록은 요한 묵시록입니다. 사실 묵시록이라는 것은 특정한 종류의 글을 지칭해서 사용하는 전문용어이지요. 묵시문학을 정의하는 데에는 어려움이 많은데, 많은 사람이 받아들이고 있는 존 J. 콜린스의 정의에 따르면 묵시록은 이야기로 된 틀을 지닌 계시문학의 한 종류로서, 다른 세계의 중개자를 통해 수령자인 인간에게 계시가 전달되는 형식을 띱니다. 시간적으로는 종말의 구원을 묘사하고, 공간적으로는 초자연적 세계, 초월적 세계를 다룹니다.

알 듯 모를 듯하지요? 그러나 이것이 학자들이 가장 자주 인용하는 묵시록의 정의입니다. 좀 더 쉬운 말로 바꾸어 볼까요? 이야기로 된 틀이 있는 한 문학 작품에서 비밀을 알려 주듯 감추어진 어떤 내용을 인간에게 전해 주는데, 그가 이 계시의 내용을 잘 알아듣지 못하기 때문에 이를 풀이해 주는 천사나 설명해 주는 사람이 중간에 끼어 있다는 것이지요. 늘 그런 것은 아니지만 많은 경우 마지막 때의 일을 이야기하고, 천상 세계나 우주여행 같은 것이 자주 등장합니다. 묵시문학에 대한 더 상세한 설명은 다니엘서나 요한 묵시록에 관한 책들을 찾아보시면 잘 나옵니다.

> 묵시문학에 대해서는 《봉인된 시선을 넘어》(김혜윤 지음, 성서와함께)와 《구약 종주》(안소근 지음, 성서와함께) 356~360쪽에 나오는 '묵시문학'을 읽어 보면 도움을 받을 수 있습니다.

'소위' 이사야의 묵시록

이사야서 24-27장은 '소위' 이사야의 묵시록이라고 합니다. 조심해야 합니다. '소위'라는 단어를 빠뜨리면 의미가 전혀 달라지기 때문입니다. '소위' 이사야의 묵시록은 묵시록일까요? 아닙니다. 이사야가 썼을까요? 아닙니다. 묵시록도 아니고 이사야가 쓰지도 않았는데 남들이 이사야의 묵시록이라고 부르니까 정확한 것을 좋아하는 사람이 '소위'라는 말을 앞에 붙인 것입니다.

묵시록이 아니라고 했습니다. 위의 정의에 비추어 본다면, 일단 24-27장에는 '이야기로 된 틀'이 없습니다. 요한 묵시록의 첫머리에서는 요한이 파트모스 섬에 유배를 갔다가 어느 주일에 어떤 소리를 들었다고 말하지요(묵시 1,9-10). 다니엘서의 첫 장면에서는 다니엘과 세 친구가 바빌론 궁중에서 뽑혀 활동을 하게 되었다고 하지요(다니 1장). 이것이 설화적 틀입니다. 그런데 24-27장에는 그런 것이 없습니다. 또, 이사야가 본 환시를 풀이해 주고 천상 세계의 신비를 설명해 주는 천사 같은 존재(다른 세계의 중개자)도 없습니다. 좀 더 묵시문학에 가까운 즈카르야서 1-7장의 환시에서는 천사가 환시의 의미를 풀이해 줍니다. 하지만 이사야서에는 그런 것이 없습니다. 천상의 세계도 언급하지 않습니다. 한마디로, 묵시록이라고 말하기에는 결격 사유가 많습니다.

'이사야의' 묵시록이라고 말할 수도 없습니다. 이사야서를 처음부터 읽어 가는 분들을 위하여 편의상 이 부분을 지금 다루고 있기는 하지만, 24-27장은 이사야 예언서 제2부(40-55장)보다도 늦은 시기에 쓰인 것으로 보입니다. 이사야서에,

그것도 이사야 예언서 제1부 중간에 들어와 있으니 읽는 사람들이 이사야가 썼다고 생각하게 되는 것이지요.

그러면, 왜 이 부분을 '소위 이사야의 묵시록'이라고 할까요? 그것은 무엇보다도, 묵시문학 작품들에서 흔히 나타나는 것과 같은 표현들을 사용하기 때문입니다. 묵시록이 무엇인지에 대한 콜린스의 정의가 아니라 제가 어렸을 때 요한 묵시록에서 받았던 인상을 기준으로 생각한다면, '땅이 뒤흔들리고 갈라진다'는 24-27장의 표현들은 여지없이 묵시문학으로 분류될 만한 것들입니다. 물론 어린 시절 저의 인상이 정확한 것은 아니었고, 이사야서의 이 부분을 묵시록이라고 부르는 것도 정확하지는 않습니다. 그래서 '소위' 이사야의 묵시록이라고 하는 것입니다.

"땅이 마구 부서진다"(24,19)

정확히는 묵시록이 아니지만, 이 부분(24-27장)에는 분명 13-23장에 나오는 민족들에 대한 심판 부분과 구별되는 특징이 있습니다. 앞서 13-23장을 읽을 때에는 그 심판이 어느 나라

또는 어느 민족에 대한 심판인지에 주의를 기울였습니다. 그런데 24-27장에서는 아시리아든 바빌론이든 어떤 한 민족이 아니라 땅 전체가 뒤집힙니다. "보라, 주님께서 땅을 파괴하고 황폐시키시며 그 표면을 뒤엎고 주민들을 흩으신다"(24,1). "혼돈의 도시"(24,10)가 언급되기는 하지만 그것이 어느 도시를 가리키는 것인지는 알 수 없습니다. 여러 가지 의견이 제시되었으나, 본래 저자는 특정한 도시를 지적하려 하지 않은 듯합니다.

어떤 특정한 민족에 대한 심판 선언이 가장 초기의 예언서인 아모스서를 비롯하여(아모 1-2장) 여러 예언서에서 전형적으로 나타나는 것이라면, 24-27장에 나오는 온 땅에 대한 심판 선고는 묵시문학을 향해 가는 늦은 시기에 나온 글의 특징입니다. 그 때문에도 이 부분은 이사야 자신이 쓴 것이 아니라고 생각됩니다. 북 왕국 이스라엘을 멸망시킨 아시리아가 언젠가는 멸망하리라는 선고, 남 왕국 유다를 무너뜨린 바빌론이 그 역시 다른 나라에 의해 무너지게 되리라는 선고가 아니라, 하느님께서 땅을 뒤흔드시어 온 세상에 대한 최종적인 심판을 하시리라는 예언입니다. 말하자면 역사 안에서 이루어지는 심판이 아니라 인간의 역사 자체를 뒤엎는 심판, 이것이 24-27장의 특징입니다.

여기서 말하는 '땅'의 의미에 대해서 이런저런 설명을 합니다. 인간이 사는 곳, 인간 세상 등등을 지칭한다고 하지요. 글쎄요, 땅은 절대 꺼지지 않을 것이라고 우리가 믿고 있는 것이 아닐까요? 요한 묵시록에서는 "땅의 주민들"이라는 표현을 여러 차례 사용합니다(묵시 3,10; 6,10; 8,13; 11,10 등). 본래는 한 단어인데 '땅에 집을 짓고 사는 사람들', '땅이 자기 집인 줄 알고 사는 사람들'이라는 뜻이라고 합니다. 땅이, 또는 이 세상이 전부인 줄로 생각하고 살던 사람들에게 언젠가 그 땅이 무너지리라고 말하는 것입니다. 이 세상의 무엇인가를 절대적인 것으로 여기고 살아갈 때, 언젠가 그 '땅'이 꺼지고 만다는 것입니다. "땅이 마구 부서진다"(24,19)라는 묵시문학적인 경고는 우리에게, 이 세상의 어떤 대단한 세력도 영원하지 않다는 것을 말해 줍니다. '설마 땅이 꺼지랴' 생각하는 우리에게 '땅마저도 꺼질 날이 있다'고 말하는 것이 묵시문학입니다.

"만군의 주님께서
시온 산과 예루살렘에서 임금이 되시어"(24,23)

땅이 꺼지면 어떻게 해야 할까요? 땅이 꺼진 다음에는 무엇이 올까요? 땅도 꺼지는 때가 있을 것입니다. 아시리아가 무너지고 바빌론이 무너졌듯이, 인간의 역사도 끝나는 날이 있을 것입니다. 그러나 그 '종말'은 또한 '완성'의 때입니다.

13-23장에서 민족들에 대한 심판의 끝은 이집트와 아시리아까지도 하느님의 백성으로서 하느님을 섬기게 되는 것이었습니다. 그렇다면 24-27장에서도 마지막 모습은 어렸을 때 제가 상상했던 지구 종말의 모습처럼 그저 황량한 붉은 벌판이 아니라, "만군의 주님께서 시온 산과 예루살렘에서 임금이 되시어"(24,23) 온 세상을 다스리시는 것입니다. 그날 "만군의 주님께서는 이 산 위에서 모든 민족들을 위하여 살진 음식과 잘 익은 술로 잔치를, 살지고 기름진 음식과 잘 익고 잘 거른 술로 잔치를 베푸시리라"(25,6)는 것이 24-27장이 그려 보이는 마지막 날의 모습입니다. 술과 음식이 넘치는 잔치는 가득한 풍요로움을, 부족함이 없는 완성을 상징하지요.

그날에는 주님의 포도밭인 이스라엘을 위해서도 전과는 다른 노래를 부르게 될 것입니다. 27,2-5에 나오는 두 번째 포도밭 노래를 이해하려면, 5,1-8의 첫 번째 포도밭 노래를 기억해야 합니다. 거기에서 예언자는 "내 친구"(5,1)를 위하여 노래합니다. 그 친구는 포도밭을 가꾸고 좋은 포도나무를 심었습니다. 그는 애써 밭을 돌보며 좋은 포도가 열리기를 바랐지만 포도밭은 들포도 열매를 맺었습니다.

이 노래를 듣는 이들에게 "나와 내 포도밭 사이에 시비를 가려 다오!"(5,3)라고 하면 그들은 포도밭이 잘못했다고 말할 것입니다. 하지만 여기까지 포도밭에 대해 노래를 한 다음, 예언자는 갑자기 노래를 듣고 있던 예루살렘 주민들을 놀라게 하는 반전을 보여 줍니다. "만군의 주님의 포도밭은 이스라엘 집안이요 유다 사람들은 그분께서 좋아하시는 나무라네"(5,7). 예루살렘 주민들은 시비를 가리는 것이 아니라 심판을 받습니다. 하느님은 이스라엘에게 '공정'(미쉬파트)을 바라셨는데 이스라엘은 '피 흘림'(미스파흐)을 내놓았고, 하느님은 '정의'(처다카)를 바라셨는데 이스라엘은 '울부짖음'(처아카)을 열매로 맺었습니다. 그래서 하느님은 이스라엘에게 심판을 선고하셨습니다.

그러나 이제 그 심판이 다 이루어지고, 결코 흔들리지 않으리라고 생각했던 '땅'까지 다 흔들리고 나면, 두 번째 포도밭 노래인 27,2-5에서는 하느님께서 "주님인 나는 이 포도밭을 지키는 이"(3절)라고 선언하실 것입니다. 포도밭을 내버렸던 그분이 이제 "나는 성내지 않는다"(4절)고 말씀하실 것입니다. 이스라엘이 하느님과 평화를 이룰 때, 하느님은 그 포도밭에 시간마다 물을 주시며 아무도 그 포도밭을 해치지 못하도록 밤낮으로 지키실 것입니다. 이것이 심판을 통하여 도달하게 될 미래의 모습입니다.

이사야서를 읽을 때도, 온 세상에 대한 심판을 선고하는 그 '묵시록'을 읽을 때도 잊지 말아야 할 것이 있습니다. 심판은 끝이 아니라는 사실입니다. 하느님께서 하시는 모든 일은 구원을 위한 길입니다. 심판이 지나가는 그 순간에도 주님께 희망을 두고 그분께 매달린다면, 그분이 구원하시는 하느님이심을 보게 될 것입니다.

10

"불행하여라!"(28,1)

지하철역에서 가끔 범죄 신고 포스터를 봅니다. '긴급 신고'는 112번이고, '신고 상담'은 110번입니다. 눈길을 끄는 것은 포스터의 사진입니다. '신고 상담' 번호인 110번에 나오는 사람은 수화기를 들고 차분히 말을 하고 있는 모습인데, 112번에 나오는 사람은 수화기를 들고 어딘가를 쳐다보면서 다급하게 소리를 치는 모습입니다. "불행하여라!"라는 예언자들의 선포는 '긴급 신고'에 해당합니다. 당장 눈앞에 큰일이 벌어지고 있으니 다급하게 소리를 치는 것입니다.

행복 선언과 축복, 불행 선언과 저주

이사 28-35장의 특징은 불행 선언입니다(28,1; 29,1; 29,15; 30,1; 31,1; 33,1). "불행하여라!"로 번역되는 그 첫 단어는 히브리어 '호이'인데, 본래 조가弔歌에서 사용하는 탄식입니다. 이미 죽은 사람에 대해 슬퍼하며 탄식하는 것입니다. 예언서에서는 "불행하여라!"라고 번역되는 경우가 많습니다. 이미 멸망한 것이나 다름없는 사람들 또는 어떤 도시를 향한 탄식입니다.

이것을 행복 선언과 대비해 볼 수 있겠습니다. 시편에서 자주 나타나고 마태오 복음과 루카 복음에도 나오는 행복 선언은("행복하여라!": 마태 5,3-10; 루카 6,20-23) 축복과 구별됩니다. 축복이 어떤 사람이 장차 복을 받으리라는 예고라면(신명 28,1-14 참조), 행복 선언은 지금 복을 누리는 사람에 대한 경탄입니다. "저 사람은 정말 행복하구나!"라는 감탄입니다. 복음서에 나오는 행복 선언에는 미래적인 색채가 어느 정도 들어가 있지만 그것은 하느님 나라의 도래를 말하는 신약의 특성 때문이고, 본래 구약에서의 행복 선언은 현재의 행복에 대한 진술입니다(시편 1,1 참조).

같은 식으로 불행 선언에 대해서 생각해 본다면, 저주는 장차 일어날 불행에 대해 말하는 것이고, 불행 선언은 이미 벌어진 일과, 지금 겪고 있는 불행에 대하여 말하는 것입니다. '호이'가 이미 죽은 사람에 대한 탄식이라는 데에서 생각할 수 있듯이, "불행하여라!"라는 예언자들의 선언은 장차 겪게 될 심판에 대한 선고라기보다 이미 불행에 빠져 있는, 아니면 멸망이 이미 눈앞에 닥친 이들에 대한 선언입니다. 넘어지는 사람을 보고 "아이고!"라고 외치는 것이라고나 할까요? 예언자들은 110번에 '신고 상담'을 하는 것이 아니라 112번에 '긴급 신고'를 하고 있습니다. 멸망이 불을 보듯 뻔하기 때문입니다.

누가 불행한가?

그러면 28-35장에서 예언자는 누구를 불행하다고 할까요? 하나하나 짚어 볼 필요가 있습니다.

28,1에서는 "불행하여라, 에프라임 주정꾼들의 거만한 화

관! 그 화려한 아름다움을 잃고 시들어 버린 꽃! 술에 빠진 자들의 머리 위에, 기름진 골짜기 위에 자리 잡은 것!"이 불행하다고 말합니다. 여기서 "화관"은 사마리아입니다. 이 단락은 아마도 북 왕국 이스라엘이 멸망하기 전을 배경으로 하는 듯합니다. 또 사마리아는 비옥한 산 위에 있어서 화관에 비유되었으리라 생각합니다. 아시리아의 침략으로 멸망이 다가오는 와중에도 상류층은 사치와 퇴폐를 일삼고 있으니 사마리아는 불행합니다.

그들을 두고 아모스 예언자도 불행을 선언하며, "대접으로 포도주를 퍼마시고 최고급 향유를 몸에 바르면서도 요셉 집안이 망하는 것은 아랑곳하지 않는다"(아모 6,6)고 했었지요. 술 취한 이들의 머리 위에 있는 거만한 화관, 시든 꽃이라는 비유들이 매우 생생합니다. 사마리아는 비옥하고 부유합니다. 사람들은 집을 상아로 꾸미고 술을 마시며 노래를 합니다(아모 4,1; 6,4 등 참조). 그러나 그 꽃은 이미 시들었고 썩어 있습니다. 전쟁으로 불행하다기보다, 위험이 다가오는 것을 모르고 술에 취해 거만을 떨고 있는 현실이 어쩌면 더 불행할 것입니다.

29,1에서는 "불행하여라, 너 아리엘아, 아리엘아 다윗이 진을 쳤던 도성아!"라고 말합니다. 다윗이 진을 쳤다고 하니 예루살렘을 가리키는 것은 분명해 보이지만, "아리엘"이라는 단어 자체에 대해서는 여러 가지 의견이 있습니다. 이 단어를 두 부분으로 나누어 '하느님의 도시'로 해석하기도 하고, '하느님의 산' 또는 '하느님의 사자'로 이해하거나 이사 29,2과 에제 43,15-16을 참조하여 '하느님의 화덕'으로 보기도 합니다.

여기서 말하는 아리엘의 불행은 아시리아 임금 산헤립의 침공을 가리키는 것일 수도 있고 네부카드네자르에 의해 예루살렘이 함락된 것을 가리킬 수도 있습니다(후자의 경우라면, 이 부분은 이사야 자신이 쓴 것이 아니고 후대에 다시 편집된 본문이라는 뜻입니다). 이 본문은 불행 선언으로 시작하면서도 마지막에는 하느님께서 구해 주시리라는 내용으로 끝나기 때문에 간단히 설명하기는 어렵지만, 처음에 불행을 선언한 이유는 예루살렘이 종교적인 축제를 거행하면서도 하느님의 뜻은 찾지 않았기 때문입니다.

자신의 뜻과 계획에 따라 살길을 찾는 예루살렘을, 이사야는 불행하다고 선언합니다. 29,15에서 "불행하여라, 자기네 계획을 주님 모르게 깊이 숨기는 자들!"이라고 말하는데, 그것은 예루살렘이 멸망을 피하기 위하여 다른 나라에 군사 원조를 청하는 등 인간적인 방법으로 살길을 도모하면서, 하느님의 계획과는 다른 자신들의 계획을 추구하기 때문입니다. 이것은 이사야가 임금들을 계속해서 비판했던 이유이기도 합니다.

30,1은 "불행하여라, 반항하는 자식들!"이라고 선포합니다. 여기서도 불행하다는 말을 듣는 것은 예루살렘입니다. "그들은 계획을 실행하지만 그것은 나에게서 나온 것이 아니며 동맹을 맺지만 내 뜻에 따라 한 것이 아니다." 여기서 말하는 "계획"은 아시리아의 공격을 받은 유다가 이집트의 도움을 청하려 하는 것을 말합니다. 하느님의 계획이 무엇인지는 알려고 하지도 않으면서 제 뜻대로 계획을 세우고 다른 나라와 동맹을 맺으려 하지만, 그 계획은 성공하지 못합니다. 이집트는 도와주지 않습니다. 그래서 그러한 시도는 수치가 되고 말 것입니다.

왜 불행한가?

31,1은 의미가 가장 분명한 듯합니다. "불행하여라, 도움을 청하러 이집트로 내려가는 자들! 군마에 의지하는 자들! 그들은 병거의 수가 많다고 그것을 믿고 기병대가 막강하다고 그것을 믿으면서, 이스라엘의 거룩하신 분을 바라보지도 않고 주님을 찾지도 않는다." 군마로 대표되는 인간적인 힘에 의지하는 이들의 불행, 이사야서에서 되풀이하여 나오는 주제입니다. 인간적인 힘에 의지하는 이들은 멸망하고 말리라고, 이사야는 처음부터(2장) 인간의 교만을 경고했습니다.

크게 본다면 28,1 이후의 불행 선언들은 모두 인간적인 것에 의지하는 이들을 불행하다고 선언합니다. 사마리아는 자신의 경제력을 믿고 사치에 빠져 있으며, 예루살렘은 군사력에 의지하려고 아시리아에, 또 나중에는 이집트에 손을 내밉니다. 그러나 이러한 인간적인 힘은 구원을 주지 못합니다. 이집트인들은 하느님이 아니라 인간이며, 그들의 군마는 영이 아니라 고깃덩어리일 뿐입니다(31,3). 그들이 의지하고 있는 그 힘은 모두 곧 무너지고 말 것입니다.

실상 아시리아나 이집트는 처음부터 유다가 도움을 청하지 말았어야 할 나라들이었습니다. 아시리아는 시리아-에프라임 전쟁 때에 아람과 북 왕국 이스라엘을 쳐서 유다를 살려 주지만 결국은 자신의 이익을 위하여 유다를 종속시켰고, 이집트는 거의 꿈쩍도 하지 않았습니다. 이집트에 군마를 청하러 가는 것은 신명 17,16에서부터 금지된 일이었고, 이집트 탈출을 거슬러 가는 일로 여겨집니다. 예레미야도 이를 반대할 것이지만, 멸망 직전까지도 유다는 이집트에 군사 원조를 청할 것이고 결과는 비참하게 끝날 것입니다.

마지막 불행 선언

그러나 아직 하나의 불행 선언이 더 남아 있습니다. 33,1입니다. "불행하여라, 자기는 파괴되지 않았으면서 파괴만 하는 너! 자기는 배신당하지 않았으면서 배신만 하는 너! 네가 파괴를 끝내면 너 자신이 파괴되고 네가 배신을 마치면 너 자신이 배신을 당하리라."

이 불행 선언이 누구를 향한 것인지는 분명히 말하기 어렵습니다. 이사야 시대의 파괴자였던 아시리아라고 보기도 하고, 이후 시기의 바빌론이라고 생각하기도 합니다. 어떤 경우이든, 유다를 파괴하던 이들에게 불행이 선언됩니다. 그들 역시 군사력을 믿었던 이들이고, 하느님의 계획을 따르지 않고 교만했던 이들입니다(아시리아의 경우 10,5의 불행 선언 참조). 그래서 그들의 파괴는 영원하지 않습니다. 사마리아와 예루살렘을 심판하시는 하느님은, 그 심판의 도구가 되었던 이들에 대해서도 불행을 선언하십니다. 이유는 크게 다르지 않습니다. 인간적인 힘을 지나치게 믿었기 때문입니다. 하느님께서 그들을 심판하신 다음에는, 당신이 시온에서 임금이 되실 것입니다(33,17-24).

파괴자를 꺾으신 다음 하느님은 시온에 평화와 구원을 베푸십니다. 이사야서의 귀결은 언제나 구원이고, 그 구원은 하느님의 나라가 서는 것으로 이루어집니다.

북 왕국 이스라엘이든 남 왕국 유다이든 아시리아이든 바빌론이든, 자신의 힘을 믿고 교만해진 이들은 불행합니다. 그들은 무너질 것입니다.

루카 복음의 불행 선언이 떠오릅니다. 부유한 사람들, 지금 배부른 사람들, 지금 웃는 사람들, 모든 사람이 좋게 말하는 사람들은 불행합니다. 그들은 울며 슬퍼하게 될 것입니다(루카 6,24-26 참조). 하느님의 나라가 서기 위해서는 인간의 교만이 무너져야 합니다. 이사야는 무너질 그날이 멀지 않았다고, 그들의 멸망이 다가왔다고 '긴급 신고'로 선언합니다. 마찬가지로 요한 묵시록에서는 로마 제국을 두고 "무너졌다, 무너졌다, 대바빌론이!"(묵시 18,2)라고 외칩니다. 세상의 눈에는 대단하게 보이는 세력들, 그러나 그들은 이미 무너지고 있습니다.

11

> "아시리아 임금 산헤립이
> 유다의 모든 요새 성읍으로 올라와서"(36,1)

무슨 일이 일어나도 "두려워하지 마라, 하느님을 믿어라"라고 말하는 예언자. 40년 동안 똑같은 소리를 하는 예언자. 임금과 백성은 이제 예언자의 그 말이 지겨웠을지도 모르겠습니다. "우찌야 임금이 죽던 해"(6,1), 기원전 740년경에 부르심을 받은 이사야는, 시리아-에프라임 전쟁 때에 아하즈에게 두려워하지 말고 하느님을 믿으라고 말했습니다. 이제 기원전 701년, 산헤립이 유다를 침략했을 때에도 이사야는 아하즈의 아들 히즈키야에게 똑같은 말을 합니다. 그런데 아하즈와 달리 히즈키야는 예언자의 말을 따릅니다.

"아시리아 임금 산헤립이"(36,1)

산헤립의 침공에 관한 내용을 담고 있는 이사 36-37장은 2열왕 18-19장과 거의 같습니다. 아마도 이사야서의 편집자가, 이사야 예언자가 등장하는 열왕기의 이야기를 여기에도 옮겨 놓은 것으로 보입니다. 물론 새로운 말들을 덧붙이면서 그 사건의 의미를 나름대로 해석하기도 했습니다. 그래서 본문에는 이사야 예언자가 살았던 시대보다 더 늦은 시기의 신학이 나타나기도 합니다.

히즈키야(기원전 716-687년 재위)는 이사야서 앞부분에 나왔던 아하즈 임금의 아들입니다. 열왕기는 히즈키야를 흠이 있기는 하나 상당히 훌륭한 임금으로 평가합니다. "그는 자기 조상 다윗이 하던 그대로, 주님의 눈에 드는 옳은 일을 하였다"(2열왕 18,3). 아하즈는 아람과 북 왕국 이스라엘의 공격에서 살아남기 위해 강대국 아시리아에 도움을 청함으로써, 그때부터 유다 왕국이 아시리아의 영향을 벗어나지 못하게 되는 결과를 만들었습니다. 그리고 히즈키야는 그런 아시리아의 지배에서 벗어나기 위해 필리스티아의 도시 국가들과 연합하여 반아시리아 정책을 추진하였습니다. 다른 한편으로는 이집트의 군사 원조도 기대했습니다. 이사야는 이 점에 대해서는 히즈키야에 반대했지요(30장 참조). 인간적인 힘에 의지하고 자신의 방법으로 살 길을 도모하려 했기 때문입니다.

현실적인 상황은 분명 좋지 않았습니다. 아시리아가 히즈키야를 가만히 둘 리가 없습니다. 산헤립은 먼저 필리스티아의 도시들을 공격했고, 이어서 유다로 진출했습니다. "아시리아 임금 산헤립이 유다의 모든 요새 성읍으로 올라와서 그곳들을 점령하였다"(36,1). 산헤립 실록에는 다음과 같은 기록이 있습니다. "유다인 히즈키야는 나의 멍에에 굴복하지 않았다. 나는 견고한 요새 성읍 46개와 주변의 수많은 촌락을 포위하여, 보병이 잘 다져진 (흙) 경사로와 (성벽) 가까이 끌고 온 성벽 파괴용 무기를 써서 공격하고, 공병이 갱도를 파고 성벽의 틈을 (이용하여) (그곳들을) 정복하였다. … 나는 그를 그의 거처인 예루살렘에 마치 새장의 새처럼 가두었다." 인간적으로 말한다면 거의 희망이 없어 보입니다. 히즈키야는 어떻게 해야 할까요?

"네가 무엇을 믿고"(36,4)

이제 아시리아의 고관 랍 사케의 말을 들어 봅시다. 그는 아시리아 임금의 말을 히즈키야와 그 신하들에게 전합니다. "네가 무엇을 믿고 이렇게 자신만만하단 말이냐? … 뭇 민족의 신들 가운데 누가 제 나라를 아시리아 임금의 손에서 구해 낸 적이 있더냐?"(36,4.18)

고대에는 여러 나라가 각자 자신의 신을 섬겼지요. 서로 다른 신을 섬기는 두 나라가 전쟁을 하면 그것은 두 신이 서로 겨루는 것이기도 했습니다. 아시리아는 이미 시리아와 주변 여러 지역을 정복했습니다. 그러니 그 민족들의 신들은 자기 백성을 구해 내지 못한 셈입니다(36,18).

랍 사케의 말은 매우 거만합니다. 그 신들 가운데 누가 제 나라를 '아시리아 신의 손에서' 구해 냈느냐고 말하지 않고, "아시리아 임금의 손에서" 구해 냈느냐고 말합니다. 아시리아 임금이 다른 민족들의 신들을 꺾었다는 것입니다. 그래서 랍 사케는 히즈키야의 신하들과 백성에게, 히즈키야가 이스라엘의 주 하느님을 믿고 "주님께서 우리를 구해 내신다"(36,18)라고 말하더라도 믿지 말라고 말합니다. 여기서 문제는 명백하게 신학적인 차원에서 전개됩니다. 아시리아 군대의 위협 앞에서, 그 상황에서도 하느님을 신뢰할 수 있을 것인가?

랍 사케는 거짓말로 백성을 불안하게 하고 사기를 꺾으려고도 합니다. "바로 주님께서 나에게 '저 땅으로 공격해 올라가서 그곳을 멸망시켜라' 하고 분부하셨다"(36,10). 정말로 랍 사케가 그렇게 믿는 것은 아닙니다. 하느님은 산헤립에게 그렇게 명하신 일이 없습니다. 결국 산헤립은 예루살렘을 점령하지는 못할 것입니다. 그러나 랍 사케는 이러한 말로 백성을 동요시킵니다. 위험 앞에서 하느님을 믿으려고 하는 히즈키야와 백성을 불안하게 만들려는 것입니다.

그밖에도 랍 사케는 많은 말로 유다를 조롱합니다. 이집트의 원조를 기다리는 히즈키야에게 이집트는 "부러진 갈대 지팡이"(36,6)라고 말하고, 기마술을 익히지도 못했던 군사들에게 기수들만 마련할 수 있다면 말을 주겠다고 비아냥거리며 항복을 유도합니다(36,8-9).

"히즈키야 임금은 … 주님의 집으로 들어갔다"(37,1)

이런 말을 들은 히즈키야는 어떻게 대응했을까요? 그는 백성에게 침묵을 명하고, 이날을 "환난과 징벌과 굴욕의 날"(37,3)이라 부릅니다. 히즈키야는 옷을 찢고 주님의 집으로 들어갔습니다. 아버지 아하즈처럼 당황하여 두려움에 떠는 것이 아니라, 아시리아가 하느님을 모욕하는 이 큰 수치를 하느님께서 보고 들어주시기를 간청합니다.

히즈키야에게 이 사건은 이미 인간적 차원의 문제가 아니었습니다. 아시리아에 맞서기 위해 이집트에 의지하려 했을 때 히즈키야는 아직 인간적 차원에 머물러 있었고 그래서 이사야의 비판을 받았습니다. 어쩌면 하느님을 모독하는 랍 사케의 말을 들으면서 히즈키야는 오히려 문제의 본질을 깨달았는지 모릅니다. 이제 그는 아시리아 사신들의 편지를 들고 주님의 집으로 들어가, 하느님 앞에 그 편지를 펼쳐 놓습니다. 편지를 읽으셔야 할 분, 그 편지에 대응하셔야 할 분은 하느님이십니다.

이어지는 히즈키야의 기도에서(37,14-20), 히즈키야는 랍 사케의 도전에도 흔들리지 않는 굳건한 신앙을 하느님 앞에 고백합니다. 다른 나라의 신들이 자기 백성을 아시리아 임금의 손에서 구해 내지 못한 것은 사실입니다. 그 이유는 그 신들이 "신이 아니라 사람의 손으로 만든 작품"(37,19)이기 때문입니다. 그들은 살아 있는 신이 아니기에 아무런 힘이 없습니다. 그러나 이스라엘의 하느님은 홀로 하늘과 땅을 만드신 분, 온 세상에서 유일하신 분, 살아 계신 주님이시기에 다른 신들과 달리 당신 백성인 이스라엘을 구해 주실 수 있습니다. 그 하느님께서 이스라엘을 아시리아의 손에서 구원하실 때, "세상의 모든 왕국이 당신 홀로 주님이심을 알게 될 것입니다"(37,20).

산헤립은 이스라엘의 거룩하신 분을 조롱하였고 그분을 거슬러 군사를 일으켰습니다. 그는 고대인들의 전통적인 이해에 따라, 강력한 아시리아가 주변의 여러 신을 꺾었으며 이스라엘의 하느님도 쉽게 굴복시킬 수 있으리라고 믿었습니다. 하지만 이스라엘의 하느님은 소위 '다른 신들'과는 다른 분이었습니다. '다른 신들'은 사실 신이 아닙니다. 여러 신이 서로 겨루면서 세상의 역사가 이루어지는 것이 아니라, 유일하신 한 분 하느님이 역사의 흐름을 결정하고 실행하십니다. 아시리아가 여러 민족을 멸망시킨 것은 사실이나, 그것 역시 하느님께서 오래전부터 결정하고 계획하여 이제 실행하신 것이었습니다(37,26).

"주님의 천사가"(37,36)

이제 이 전쟁의 결과도 하느님의 결정에 따라 이루어질 것입니다. 이사야서 본문에서 막상 그 마지막 장면은 아주 짧게 묘사됩니다. 아침이 되어 보니 주님의 천사가 아시리아 진영에서 십팔만 오천 명을 쳤다는 것, 그것이 전부입니다. 오히려 본문에서 더 많은 분량을 차지하는 것은 이 일에 대한 예고입니다. 이사야를 통하여 히즈키야에게(37,30-32), 그리고 산헤립에게(37,33-35) 선포된 하느님의 말씀은, 전쟁의 결과는 그 일이 일어나기 전에 이미 모든 것을 결정하신 하느님의 뜻에 달려 있음을 보여 줍니다. 천사가 아시리아 진영에서 십팔만 오천 명을 칠 때 이스라엘 군대는 무엇을 했을까요? 밤 사이에 일어난 일이니 아마 잠을 잤을 것입니다. 그들이 아무

것도 하지 않고 있는 사이, 하느님께서 예루살렘을 지키셨습니다. 이스라엘이 한 일은 오직 아침에 밖에 나가 그 결과를 확인한 것뿐입니다.

앞에서 산헤립은 히즈키야에게 "네가 무엇을 믿고 이렇게 자신만만하단 말이냐?"라고 물었습니다. 히즈키야는 "우리는 주 우리 하느님을 믿소"(36,7)라고 대답합니다. 결국 전쟁의 결과는 인간의 힘에 의하여 이루어진 것이 아니라, 히즈키야가 믿었던 하느님의 결정에 따라 이루어졌습니다. 하느님을 믿는 것 외에 아무 일도 하지 않은 이스라엘은 이것을 인정할 수밖에 없었을 것입니다. 그래서 이사야는 오늘도 내일도 늘 똑같은 말을 할 것입니다. 하느님을 신뢰하라고 말입니다.

이사 36-37장과 이에 병행되는 2열왕 18-19장 본문은 산헤립의 침공 사건을 신학적인 시각에서 바라보며, 하느님에 대한 신뢰와 하느님께서 베푸시는 구원을 강조합니다. 2열왕 18,13-16에는 같은 사건이 더 사실적으로 기록되어 있습니다. 여기에는 히즈키야가 라키스에 있는 아시리아 임금에게 전갈을 보내어 "제가 잘못하였습니다. 돌아가 주십시오. 그러면 임금님께서 부과하시는 것을 그대로 받아들이겠습니다"라고 말했고, 그래서 아시리아 임금은 은 삼백 탈렌트와 금 서른 탈렌트를 요구했다고 되어 있습니다. 산헤립은 그것을 받고 떠나갔을 것입니다. 이 사건을 통하여, 하느님께서 머무시는 장소인 예루살렘은 함락될 수 없다는 믿음이 강화됩니다.

12

"이스라엘의 거룩하신 분"(10,20)

이사야 예언서 제1부를 복습합시다. 1부 전체를 하나로 묶어 보자는 것입니다. 이 말이 엄청나게 들릴지도 모르겠습니다. 이사야서가 워낙 넓고도 깊은 책이기 때문입니다. 크게 나누어 보아도 세 시대에 걸쳐 이루어진 이 책에서 우리는 그 첫 부분인 1-39장을 읽었습니다. 기원전 8세기, 아모츠의 아들 이사야라는 인물과 연결된 부분이었습니다.

"거룩하시다, 거룩하시다, 거룩하시다"(6,3)

이사 39장은 적은 분량이 아닙니다. 그런데 이사야 예언자가 활동한 기간도, "우찌야 임금이 죽던 해"(6,1)부터 "히즈키야 임금 제십사년"(36,1)까지만 계산해도 사십 년입니다. 아하즈 시대에 시리아-에프라임 전쟁이 있었고 히즈키야 시대에는 산헤립의 침공이 있었던, 결코 평탄치 않은 사십 년입니다.

이 사십 년을 담고 있는 이사야 예언서 제1부를 요약하는 신학은, 이사야가 예언자로 부르심을 받을 때 만났던 하느님의 모습에서 찾을 수 있을 듯합니다. 이사야는 높은 어좌에 앉아 계시는 주님을 뵙는데, 그때 천사들은 그 하느님을 노래하며 "거룩하시다, 거룩하시다, 거룩하시다, 만군의 주님! 온 땅에 그분의 영광이 가득하다"(6,3)라고 외칩니다. 6장을 읽을 때 보았던 바와 같이 이사야의 하느님은 거룩하신 분, 곧 초월적이고 절대적인 분이십니다. 이사야가 그 앞에서 "나는 이제 망했다"(6,5)고 했던 그 하느님은, 인간이 마음대로 주무를 수 있는 분이 전혀 아닙니다.

이사야 예언서 제1부는 "이스라엘의 거룩하신 분"이라는 호칭을 자주 사용합니다(1,4; 5,19.24; 10,17.20; 12,6; 17,7; 29,19.23; 30,11.12.15; 31,1). 이 호칭은 제2부와(41,20; 43,14; 45,11; 47,4; 48,17; 49,7; 54,5; 55,5) 제3부에서도 사용되는데 (60,14), 이를 통해 이사야 예언자의 전통을 이어간 이들이 하

느님을 "이스라엘의 거룩하신 분"으로 이해하는 전통도 계속 이어 갔음을 볼 수 있습니다. 말하자면, 이사야서가 세 부분으로 나뉘어 있다고 해도 그 셋을 하나로 묶어 주는 신학적 요소가 "이스라엘의 거룩하신 분"이라는 개념이라고 할 수 있습니다.

이사야 시대의 전쟁들

이사야가 임금들에게 줄곧 권고했던 것 역시 이 '거룩하신 분'에 대한 믿음이었습니다. 잠시 당시의 두 전쟁을 돌아봅시다.

아하즈 시대, 아람 임금 르친과 이스라엘 임금 페카가 유다로 쳐들어왔던 시리아-에프라임 전쟁 때에 아하즈는 두려움에 사로잡힙니다. 이사야는 그에게 "너희가 믿지 않으면 정녕 서 있지 못하리라"(7,9)라고 말하지만, 아하즈는 결국 아시리아에 도움을 청하고 맙니다. 가까이 있는 아람과 이스라엘이 쳐들어올 때, 멀리 있는 강대국의 힘을 빌려 위기를 모면하려던 것입니다. 그러나 이사야는 아시리아에 의지하려는 것을 반대합니다. 아람과 이스라엘은 자신들의 뜻대로 유다에 새 임금을 세우지 못할 것입니다. "그런 일은 이루어지지 않으리라. 그렇게 되지 않으리라"(7,7). 어쨌든 실제로 아시리아는 아하즈의 요청에 응답하여 전쟁에 개입했고, 유다는 멸망을 피했지만 이후로 아시리아의 영향을 벗어날 수 없었습니다.

아시리아가 유다를 도운 것은 자국의 이익에 도움이 되기 때문이었겠지요. 곧이어 아람도, 이스라엘도 멸망시킨 다음 아시리아는 더 이상 유다의 손을 잡아 주지 않습니다. 아하즈의 아들 히즈키야 시대에는 아시리아 임금 산헤립이 유다를 침공합니다(36,1). 과거의 우방, 그런 것은 소용없습니다.

이사야서에서는 히즈키야가 아하즈와 달리 하느님을 믿었다고 말합니다. 랍 사케가 히즈키야와 백성을 조롱하고 그들의 신앙을 비웃어도, 히즈키야는 오히려 하느님의 성전으로 올라가 하느님을 신뢰하며 기도합니다(37,1). 하지만 히즈키야도 이사야의 비난을 받은 부분이 있습니다. 아시리아가 쳐들어올 때 이집트의 도움을 받으려 했다는 것입니다. "불행하여라, 도움을 청하러 이집트로 내려가는 자들! 군마에 의지하는 자들!"(31,1) 이집트는 도와주러 오지 않았습니다. 그리고 그 이야기의 끝은 "주님의 천사가 나아가 아시리아 진영에서 십팔만 오천 명을 쳤다"(37,36)는 것입니다. 유다의 군사력이나 이집트의 군마가 아니라 하느님께서 아시리아군을 물리치신 것이지요.

이렇게 두 시대, 두 전쟁을 함께 놓고 본다면, 이사야의 외교 정책은 과연 무엇일까요? 임금들의 입장에서 보면 이사야는 참 대책 없는 사람 같습니다. 이스라엘과 아람이 쳐들어올 때에는 아시리아에게 의지하지 말라 하고, 아시리아가 쳐들어올 때에는 이집트에 의지하지 말라 합니다. 그럼 도대체 어쩌라는 말일까요?

거룩하신 하느님과 인간의 역사

아시리아의 도움도 청하지 말고 이집트의 도움도 청하지 말라고 하는 이사야에게 중요한 것은, 강대국들 사이에서 의지할 나라를 선택하는 것이 아니었습니다. 근본적으로 인간의 역사는 정치적 또는 군사적 세력에 달린 것이 아니기 때문입니다. "이스라엘의 거룩하신 분"께서, 전혀 다른 차원에서 역사를 이끌어 가십니다. 그 흐름을 결정하시는 분은 하느님입니다('계획', '결정'도 이사야서에 자주 사용되는 단어들 중 하나입니다).

"거룩하신 분"의 결정은 인간에 의하여 조작되지 않습니다. 하느님께서 이스라엘과 여러 나라의 운명을 선고하십니다. 아시리아를 막대로 삼아 이스라엘을 치시는 분도 하느님이시고, 아시리아가 자신이 하느님의 도구임을 잊어버리고 스스로 교만하게 되었을 때에 그를 꺾으시는 분도 하느님이십니다. 하느님은 무조건 이스라엘의 편을 드시는 것도, 무조건 아시리아의 편을 드시는 것도 아닙니다. 당신 자신의 결정과 계획에 따라 나라들을 일으키고 또 무너뜨리십니다.

그러니 그 하느님의 계획을 거슬러 나라들이 서로 손을 잡는 것은 모두 부질없는 일입니다. 아람과 북 왕국 이스라엘이 유다를 공격해 와도(시리아-에프라임 전쟁), 하느님께서 다윗 왕조를 지키고자 하실 때에는 두려워할 필요가 없습니다. 아시리아의 산헤립이 포위를 해도(산헤립의 침공), 주님의 천사는 하룻밤 사이에 그들을 물리칩니다. 필요한 것은 믿음입니다. 이 세상을 통치하시는 분은 "이스라엘의 거룩하신 분"이시라는 믿음이 필요합니다.

"너희가 믿지 않으면"(7,9)

이사야는 "너희가 믿지 않으면 정녕 서 있지 못하리라"(7,9)고 말합니다. 많은 계획을 세우고 도움을 청하고 힘을 길러도, 믿음이 없다면 나라도 존립할 수 없다는 것입니다. 그런데 이 '믿음'은 결코 작은 요구가 아닙니다. 임금의 입장에서라면 더욱 그렇습니다. 적군이 예루살렘을 포위하고 있는데, 어찌 임금이 살길을 도모하지 않고 가만히 손을 놓고 있겠습니까? 이사야는 다른 어떤 것에도 의지하지 않고 오직 하느님께 내맡기는 믿음을 요구합니다. 이것이 군사를 이끌고 나가서 싸우는 것보다 쉽다고 생각하십니까? 물에 빠졌을 때 바둥거리지 않고 가만히 누워 있으면 몸이 떠오르지요. 그러나 대부분의 사람은 막상 물에 빠지면 팔다리를 모두 움직이며 허우적거리다 더 깊이 빠져듭니다.

게다가 이 믿음은, 믿기만 하면 결코 망하지 않게 되는 자동 장치가 아닙니다. "이스라엘의 거룩하신 분"은 이스라엘을 심판하는 분이시기도 합니다. 이사야가 부르심을 받았을 때(6장) 그에게는 이스라엘에게 심판을 선고하라는 사명이 주어집니다. 인간적인 힘에 의지하려는 이스라엘에게 하느님은 심판을 선고하십니다. 정의와 공정이 아닌 피 흘림과 울부짖음의 열매를 맺는 이스라엘에게 하느님은 심판을 선고하십니다. 믿음이라는 것은, 하느님의 손에서 그 심판까지 받아들이는 것, 하느님께서 나를 치실 때에도, 멸망하게 하실 때에도 하느님의 계획을 신뢰하는 것을 의미합니다. 멸망을 선포하라는 하느님께 "주님, 언제까지입니까?"(6,11)라고 물었던 이사야처럼, 궁극적으로는 우리를 구원으로 이끄시는 하느님에 대한 흔들림 없는 신앙이 필요합니다.

"이사야"(1,1)

이사야라는 이름은 '주님께서 구원하신다'는 뜻이지요. 이사야서 안에는 분명 구원의 약속들이 들어 있습니다. 하지만 그 구원은 심판을 통하여 이루어지는 구원이었습니다.

이사야 예언서 제2부와 제3부에 가면, 멸망을 통해 구원에 이르게 되는 더 넓은 전망이 눈에 들어올 것입니다. 그러나 유배 전 예언자들이 모두 그렇듯이 기원전 8세기의 이사야는 주로 믿지 못하는 이들에게 심판을 선고한 예언자였고, 이사야 예언서 제1부에는 많은 심판 선고가 들어 있습니다. 우리는 지금까지 여러 본문을 읽으면서 그 심판 선고들 안에 들어 있는 구원의 희망에 초점을 맞추고자 했습니다. 이사야는, 심판과 전쟁과 멸망 속에서조차 구원하시는 하느님에 대한 믿음을 잃지 말라고 말해 줍니다. 그것만이 구원의 길입니다. 이사야 예언서를 읽을 때, 심판이 선고되는 그 순간만이 아니라 그 심판을 통하여 도달하게 되는 미래의 구원을 늘 바라보시기 바랍니다.

"유다 집안의 살아남은 생존자들은
다시 밑으로 뿌리를 내리고 위로 열매를 맺으리니
남은 자들이 예루살렘에서 나오고
생존자들이 시온 산에서 나올 것이기 때문이다.
만군의 주님의 열정이 이를 이루리라"(37,31-32).

이사야 예언서

제2부

13

"복역 기간이 끝나고"(40,2)

이사야서 40장은 첫머리에서 "위로하여라 … 이제 복역 기간이 끝나고 죗값이 치러졌으며…"(40,1-2)라고 말합니다. '아니 그런데, 복역 기간이 끝났다고?' '언제 시작했는데?' 이것이 이사 40,2을 읽으면서 해야 하는 질문입니다.

'제2이사야'라는 인물과 그의 시대

여기가 이사야 예언서 제2부로 넘어가는 부분입니다. 흔히 제2부의 저자를 가리켜 '제2이사야'라는 표현을 사용합니다. '편의상' 매우 좋습니다. 그러나 실제에 있어서는 참 곤란합니다. 40장부터 시작되는 이사야 예언서 제2부를 한 사람이 썼다는 보장이 전혀 없기 때문입니다. 40-55장을 보아도, 한 시기에 단번에 작성된 것은 아닌 듯합니다. 많은 이가 40-48장과 49-55장의 저자가 다르다고 생각합니다. 그래도 여기서는 그 저자를 가리켜 '제2이사야'라는 말을 사용하겠습니다. 하지만 이 호칭은 어디까지나 '편의상' 사용하는 것입니다. 40-55장까지 본문에서 '제2이사야'라고 일컬어지는 인물이 늘 같은 인물이 아닐 수 있다는 점을 기억해야 합니다. 정확히 말해서 우리가 이사야 예언서 제2부에 대해 말할 수 있는 것은 저자가 아니라 작성 연대, 시대적 배경입니다.

그런데 그 시대적 배경이 39장에서 이어지지 않습니다. 구렁이 담 넘어가듯 읽다 보면 감지하지 못할 수 있지만, 39,8과 40,1 사이에는 상당한 시간적 간격이 있습니다. 위에서 지적한 것과 같이 "복역 기간"이 시작했다는 말이 없는데 이제는 그 기간이 끝난다고 합니다. 다시 말하면, 예루살렘의 멸망과 바빌론 유배는 언급되지 않으면서 40장부터 바로 귀환을 예고하는 것입니다. 우리는 40장을 읽기 전에 먼저 그 빈틈을 메워 보아야 하겠습니다.

"바빌론 임금 므로닥 발아단이…"(39,1)

이야기는 39장부터 시작됩니다. 이사야 예언서 제1부의 마지막인 이 장면에서는, 히즈키야가 병들었다가 나았다는 소식을 듣고 "바빌론 임금 므로닥 발아단이" 사절단을 보냈다는 내용이 나옵니다. 히즈키야 시대, 아직은 아시리아가 세력을 떨치고 있고, 바빌론은 이에 대적할 만한 강대국이 아닙니다. 그래도 바빌론에서 사절단이 왔을 때 히즈키야는 그들을 환영하며 자신의 창고와 자신이 가진 모든 것을 보여 줍니다. 이사야는 그 말을 듣고 히즈키야에게, 사절단에게 보여 준 모든 것이 바빌론으로 옮겨지리라고 말합니다. 궁궐에 있는 모든 것을 바빌론에게 빼앗기게 된다는 것입니다.

창고를 보여 준 것이 왜 잘못일까요? 알고 보면 이 문제는 이사야 예언서 제1부 전체의 주제와 연관됩니다. 히즈키야는 자신의 재산을 과시하며, 바빌론과 동맹을 맺으려 했을 것입니다. 내가 이만큼 능력이 있으니 나와 동맹을 맺는 것이 좋을 것이라고 은근히 바빌론에게 보여 주는 것입니다.

그것을 보고 이사야가 가만히 있을 리 없습니다. 국제 정세의 변화에 따라 아시리아에게, 그리고 이집트에게 의지하는 것을 단죄했던 이사야는 여기서도 히즈키야를 꾸짖습니다. 히즈키야가 인간적 세력인 바빌론에 의지하려 했으니 오히려 모든 것을 바빌론에게 빼앗기고 말리라고 선언한 것입니다.

"바빌론으로 옮겨져"(39,6)

다른 한편으로 이 이야기는, 이사야 예언서 제1부와 제2부를 이어 주는 중요한 다리 역할을 합니다. 우리가 이미 알고 있듯이 40장부터는 이사야 예언자가 쓴 것이 아니라 후대에 다른 사람들이 쓴 것입니다. 그런데 이 39장에서는, 먼 훗날에 일어나게 될 일들을 이사야가 예고합니다. 유다가 언젠가는 바빌론의 침략으로 멸망하게 될 것을, 사람들이 바빌론으로 끌려가게 될 것을 마치 연속극의 예고편처럼 이 마지막 장면에서 이사야가 선포하는 것입니다.

이사야서에는 기록되어 있지 않지만, 이후에 이루어지는 역사는 이사야를 통하여 선포하신 하느님 말씀이 실현되었음을 보여 줍니다. 히즈키야는 멸망의 선포를 들으면서 겉으로는 "그대가 전한 주님의 말씀은 지당하오"라고 응답하면서도 속으로는 "내가 살아 있는 동안은 평화와 안정이 지속되겠지"라고 생각합니다(39,8). 과연 히즈키야가 살아 있는 동안에 바빌론이 유다를 공격하는 일은 없습니다. 그러나 시간이 더 흐른 다음에 기록된 이사야서의 뒷부분을 읽는 독자는, 이사야가 히즈키야에게 전했던 말씀이 역사에서 실현되어 가는 것을 봅니다.

"복역 기간"(40,2)

이제 "복역 기간"의 문제로 돌아갑시다. 여기서 말하는 "복역 기간"은 이스라엘이 바빌론에 유배를 가서 지낸 기간입니다. 그 "복역 기간"은 어떻게 시작되었을까요?

북 왕국 이스라엘이 멸망한 다음(기원전 722년), 유다에는 아직 여러 임금이 남아 있었습니다. 열왕기를 읽어 보면, 매우 훌륭한 임금들과 전혀 그렇지 않은 임금들이 히즈키야의 뒤를 잇고 있습니다. 히즈키야는 훌륭했습니다. 그러나 그의 아들 므나쎄는 다윗 왕조에서 가장 나쁜 평가를 받는 임금입니다. 우상 숭배 때문입니다. 열왕기에서는 므나쎄가 너무 잘못했기 때문에 하느님은 이제 유다도 멸망시키기로 결정하셨다고 말합니다(2열왕 23,26-27). 그래서 므나쎄와 다를 것이 없던 아몬이 짧은 기간 왕위에 있은 다음 요시야가 왕위에 올라 개혁을 하고 아시리아의 영향에서 벗어나 주님께 충실하고자 노력을 했음에도, 유다는 이미 멸망의 길로 들어선 것으로 여겨집니다. 요시야는 아시리아를 도우러 오던 이집트와 전쟁을 하던 중에 세상을 떠납니다. 40세였습니다. 아쉽게도 그렇게 끝났습니다.

요시야의 아들 여호아하즈가 왕위에 올랐다가 이집트에 끌려간 후 다른 임금들은 전체적으로 그다지 좋은 평가를 받지 못합니다. 여호야킴, 여호야킨, 치드키야, 이들은 각각 서로 다른 특징을 보이지만 왕국은 이미 기울어 있었습니다. 어느새 아시리아가 아닌 바빌론이 패권을 잡았고, 유다의 마지막 임금들은 그러한 변화에 제대로 대처하지 못해 위기를 맞습니다.

바빌론은 기원전 597년에 제1차 유배로 여호야킨 임금을

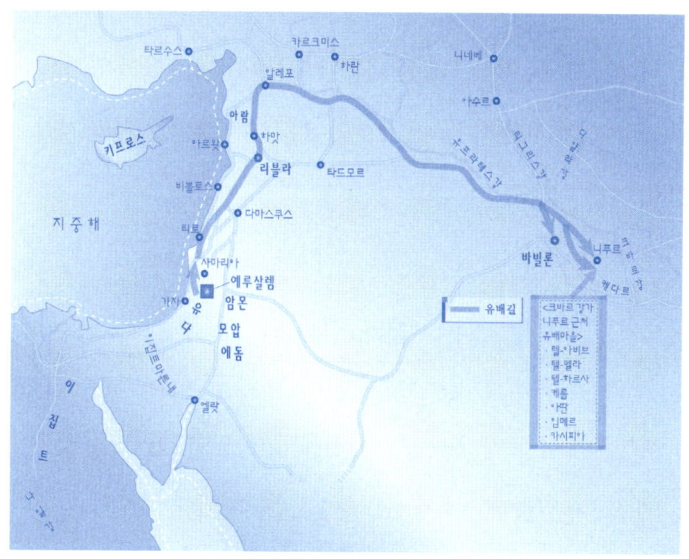

바빌론 유배, 《성서사십주간 성경지도》 지도 92.

비롯한 많은 사람을 바빌론으로 끌고 갔고, 그 후에 치드키야가 바빌론에 저항하려는 기미를 보이자 다시 침입하여 성전을 불태우고 더 많은 이를 끌고 갑니다. 다윗 왕조도 이때 무너집니다. 기원전 587년, 이때가 말하자면 "복역 기간"의 시작입니다. 이사야가 부르심을 받을 때에 하느님께서 하신 말씀대로, "성읍들이 주민 없이 황폐하게 되고 집집마다 사람이 없으며 경작지도 황무지로 황폐해질 때까지"(6,11), "주님이 사람들을 멀리 쫓아내 이 땅에는 황량함이 그득"(6,12)하게 됩니다. 그러나 이러한 모든 내용이 이사야서에는 들어 있지 않습니다. 이사야 예언서 제2부의 관심사는 복역 기간의 시작이 아니라 그 끝입니다.

"끝나고"(40,2)

바빌론에 유배 가 있는 이스라엘에게, 국면이 전환되는 것은 페르시아 임금 키루스가 등장하면서부터입니다.

기원전 8세기 이사야의 시대에 위세를 떨쳤던 아시리아도 기울어 기원전 612년에는 수도 니네베가 무너졌듯이, 그 뒤를 이었던 바빌론도 언제까지나 그 자리를 차지하고 있지는 못합니다. 절정에 이른 다음에는 내려가는 것이지요. 네부카드네자르가 예루살렘을 함락시켰을 때 이미 바빌론은 그 세력의 절정을 지나고 있었습니다. 네부카드네자르가 세상을 떠난 기원전 562년 이후 바빌론은 자주 임금들이 바뀌는 등 불안정한 시기를 맞았습니다. 그리고 기록에 따르면 기원전 555년 왕위에 오른 바빌론의 마지막 임금 나보니두스는 종교적인 문제에 큰 관심을 갖고 개인적 신심에 몰두했으며, 국정에는 별로 관심이 없었던 인물이라고 합니다. 그는 마르둑이 아니라 달의 신인 신(Sin)을 섬겼기 때문에 바빌론의 기득권층이었던 마르둑의 사제들과 충돌했습니다.

그 사이 성장한 페르시아는 이제 바빌론을 공격합니다. 페르시아 임금 키루스는 영토를 크게 확장했고, 바빌론의 수도에까지 입성합니다. 그때에 나보니두스 임금을 지지하지 않던 마르둑의 사제들은 키루스를 승리자로 환영했습니다. 키루스는 전쟁으로 그 수도를 함락시킨 것이 아니라 개선장군처럼 당당하게 도성으로 들어갔던 것입니다.

자, 예루살렘을 함락시키고 성전을 불태웠던 바빌론이 이렇게 하여 이제 페르시아에 의해 멸망을 맞게 되었습니다. 그러면 유다인들에게 페르시아는 적군일까요, 아군일까요? 조금은 부적절한 표현일 수도 있겠지만, 유다인들에게 키루스는 하느님께서 보내신 해방자였습니다. 복역 기간이 끝났다고 말하는 제2이사야는 그 해방의 시대가 밝아 오고 있음을 알아봅니다.

유다 임금	주변 강대국의 주요 임금 및 사건
히즈키야(716-687년)	아시리아 임금 산헤립(704-681년)
므나쎄(687-642년)	
아몬(642-640년)	
요시야(640-609년)	612년, 아시리아의 수도 니네베 함락
여호아하즈(609년)	
여호야킴(609-598년)	바빌론 임금 네부카드네자르(604-562년)
여호야킨(598-597년)	
치드키야(597-587년)	페르시아 임금 키루스(551-529년) 539년, 키루스가 바빌론을 점령

*연도는 기원전이며 ( ) 안 연도는 재위 기간을 가리킨다.

14

"위로하여라"(40,1)

어지러운 세상, 미래 없이 살아가는 무수한 사람. 자신의 삶에서 아무런 희망을 볼 수 없는 이들을 무슨 말로 위로하시겠습니까? 그들에게 무슨 기쁜 소식을 선포할 수 있겠습니까? 기쁜 소식이라고 떠들고 다니면, 그 사람들이 들어주겠습니까?

하느님의 위로

하느님께서 예언자에게 말씀하십니다. "위로하여라, 위로하여라, 나의 백성을"(40,1). 이사야서에서 가장 큰 전환점입니다. 1-39장이 대체로 유배 전 이스라엘에게 '경고'하는 것이었다면, 이제부터는 '위로'가 중요한 주제가 됩니다. 이사야 예언서 제2부, 곧 40-55장은 '위로의 책'이라고 할 수 있을 만큼 자주 하느님의 위로를 전합니다.

이렇게 위로를 말할 수 있게 된 데에는 물론 국제 정세의 변화가 큰 역할을 합니다. 바빌론은 페르시아 앞에서 무너지고 있습니다. 유배 간 유다인들의 입장에서 말한다면 압제자들이 멸망하고 있습니다. 페르시아 임금 키루스가 등장하면서, 새로운 시대가 조금씩 밝아 옵니다.

44,28에서는 하느님께서 키루스를 가리켜 "그는 나의 목자"라고 말씀하시고, 45,1에는 "주님께서 당신의 기름부음받은이에게, 당신께서 오른손을 붙잡아 주신 키루스에게 말씀하시니"라는 표현도 나옵니다. "기름부음받은이"는 이스라엘에서 본래 임금을 지칭하여 사용하던 명칭인 '메시아'입니다. 하느님을 알지 못했던 페르시아 임금에게 이런 호칭들을 사용한다는 것은 상당히 낯설게 보입니다. 하지만 유배 중의 이스라엘이 키루스를 이렇게 부른 데에는 이유가 있습니다.

페르시아의 정책은 바빌론과 달랐습니다. 일단 종교적인 면에서 페르시아인들이 신봉하던 조로아스터교는 다른 종교에 대해 관대한 편이었습니다. 바빌론은 여러 민족을 정복하면서 그들의 신전을 파괴하고 신상들을 바빌론으로 가져갔습니다. 예루살렘 성전에는 신상이 없었으니 성전 기물들을 가져갔습니다. 그러나 바빌론을 멸망시킨 키루스는 그 약탈물들을 돌려주었습니다. 신상들을 다시 자기 나라로 가져갈 수 있게, 각각 자기 나라의 신전에 그 신상을 모실 수 있게 해 주었습니다.

역대기와 에즈라기에 언급되는 '키루스 칙령'은 이러한 관용을 배경으로 합니다. 키루스가 유다인들에게도 예루살렘으로 돌아가 성전을 짓도록 허락하는 것이지요. 역대기에 따르면 키루스는 다음과 같은 칙서를 반포합니다. "페르시아 임금 키루스는 이렇게 선포한다. 주 하늘의 하느님께서 세상의 모든 나라를 나에게 주셨다. 그리고 유다의 예루살렘에 당신을 위한 집을 지을 임무를 나에게 맡기셨다. 나는 너희 가운데 그분 백성에 속한 이들에게는 누구나 주 그들의 하느님께서 함께 계시기를 빈다. 그들을 올라가게 하여라"(2역대 36,23; 에즈 1,1-4 참조).

꼭 키루스가 마음이 너그러운 인물이라 다른 민족들에게

호의를 베푼 것만은 아닙니다. 나름대로 계산도 있었습니다. 에스 1,1에 따르면 페르시아 제국은 "인도에서 에티오피아까지 이르는 백 이십칠 개 주"로 되어 있었다고 합니다. 경제적인 면에서나 행정적인 면에서, 이렇게 수많은 민족으로 이루어진 광대한 제국을 강력한 중앙 권력으로 모두 통제하는 것보다는 어느 정도의 권한을 부여해 주고 각 민족의 제도와 종교를 존중해 주면서 페르시아에게 순종하도록 하는 것이 비용과 힘도 덜 들고 더 편안했을 것입니다.

어쨌든 이러한 정책 때문에, 바빌론에 정복당했던 여러 민족에게 키루스는 해방자였고 유배 중의 이스라엘에게 그는 하느님께서 보내 주신 목자였습니다. 키루스의 등장은 이스라엘에게 다가오는 '위로'를 선포할 계기가 되었습니다.

"광야에 주님의 길을 닦아라"(40,3)

이렇게 상황이 바뀌어 갈 때 하느님은 예언자에게, "위로하여라, 나의 백성을"이라고 말씀하십니다. "나의 백성"이라는 표현은 이미 하느님과 이스라엘 사이의 관계가 회복되었음을 나타냅니다.

다윗 왕조가 멸망하고 예루살렘 성전이 불타 없어질 때 이스라엘은, 이제 자신들이 더 이상 하느님의 백성이 아니라고 생각했습니다. 루카 15장의 비유에서 집을 나간 아들이 스스로 아버지의 아들이라고 불릴 자격이 없다고 했던 것처럼, 이스라엘은 자신이 하느님께 버림을 받았다고 생각했습니다. 하지만 돌아온 아들을 맞이한 아버지가 아들의 목을 끌어안고 잔치를 준비하듯이, 하느님도 이스라엘을 "나의 백성"이라고 부르시며 그들에게 위로를 전하고자 하십니다.

그 하느님께서 예언자를 통해 예루살렘에게 "다정히"(40,2) – 직역하면 '예루살렘의 마음에' – 건네시는 그 위로의 내용은 이스라엘 땅으로 돌아가는 '귀환'입니다. 이스라엘이 하느님께 등을 돌린 죄의 결과였던("죗값": 40,2) 50년의 유배 기간이 이제 거의 끝나 가고, 백성은 이제 유배지를 떠날 준비를 해야 할 것입니다.

돌아가기 위한 준비는 "광야에 주님의 길을"(40,3) 닦는 것으로 표현됩니다. 여기에서, 유배지에서의 귀환은 이집트 탈출과 같은 모습으로 그려집니다. 모세 시대에 이집트 땅에서 종살이를 하던 백성이 그곳을 떠나 광야를 거쳐 약속된 땅으로 들어갔고 하느님께서 그 길을 이끄셨던 것과 같이, 하느님은 다시 한번 광야에서 당신 백성을 이끄실 것입니다(41,17-20; 43,16-21 참조). 거친 땅, 황폐한 땅에서 당신 백성을 구원으로 인도하심으로써 하느님의 영광을 드러내실 것입니다. 다 죽은 것 같은 이스라엘을 살려 내심으로써 모든 민족 앞에서 하느님의 권능을 떨치실 것입니다.

"외쳐라"(40,6)

이만하면 상당히 기쁜 소식 같지요. 하느님은 예언자에게 이 기쁜 소식을 외치라고 말씀하십니다. 하지만 그 말씀을 선포하는 것은 결코 쉬운 일이 아닙니다! 이어서 나오는 예언자의 대답, "무엇을 외쳐야 합니까?"(40,6)라는 말은, 도대체 이 상황에서 무슨 말을 하라는 뜻인지 하느님께 되묻는 것입니다. 해야 할 말이 무엇인지는 이미 알고 있습니다. 구원을 선포해야 합니다. 그러나 절망에 빠진 백성은 그 말에 귀를 기울이지 않을 것입니다. 예언자는 어떻게 말을 해야 좋을지 도무지 알 수가 없습니다.

  유배 전 예언자들이 심판을 선고할 때 사람들은 그 말을 듣기 싫어하고 그런 일은 일어나지 않으리라고 했습니다. 아모스가 심판을 선포할 때 아마츠야는 임금에게 "이 나라는 그가 하는 모든 말을 더 이상 참아 낼 수가 없습니다"(아모 7,10)라고 했습니다. 아모츠의 아들 이사야가 심판을 선고할 때에도, 백성의 귀는 어두웠고 그들의 눈은 들어붙어 있었습니다(이사 6,9-10 참조). 하지만, 구원을 선포한다고 해서 사람들이 즉시 기뻐하며 환영하고 그 말씀을 믿는 것도 전혀 아닙니다. 로마서는 이사야서의 말씀들을 인용하며 이렇게 말합니다. "'기쁜 소식을 전하는 이들의 발이 얼마나 아름다운가!' 그러나 모든 사람이 복음에 순종한 것은 아닙니다. 사실 이사야도 '주님, 저희가 전한 말을 누가 믿었습니까?' 하고 말합니다"(로마 10,15-16).

  기쁜 소식을 전하는 것이 쉽습니까? 치유의 가능성이 없는 환자를 위로하는 것이 쉽습니까? 그 환자가 가난하기까지 하다면, 무슨 말로 그 가족을 위로할 수 있습니까? 취직 전부터 빚만 잔뜩 지고 있는 이들에게 어떤 미래를 약속할 수 있습니까? 예언자는 유배 중인 이스라엘에게 '무엇을 외쳐야' 할지 하느님께 묻습니다. 위로를 전하면, 그들은 들을까요? 그 위로의 말씀은 과연 이루어질까요?

"우리 하느님의 말씀은"(40,8)

이러한 질문에 대한 하느님의 대답은, "우리 하느님의 말씀은 영원히 서 있으리라"(40,8)는 것입니다. 모든 인간은 풀이요 그 영화는 들의 꽃과 같습니다(40,6). 세력을 떨쳤던 바빌론도, 예언자의 말을 믿지 못하고 거부하는 이스라엘도 모두 풀과 같고 들의 꽃과 같습니다. 그 누구도 영원할 수 없습니다. "풀은 마르고 꽃은 시들지만 우리 하느님의 말씀은 영원히 서 있으리라"(40,8). 도저히 믿을 수 없어 보이는 하느님의 약속, 빈말로 들리는 하느님의 위로, 그 말씀이야말로 영원히 흔들리지 않고 이루어질 것입니다.

예레미야의 경우와 비교할 수 있겠습니다. 유다 왕국의 멸망이 다가올 때 예레미야는 심판을 선고해야 했습니다. 그러나 사람들은 그 말을 믿지 않았고, 예레미야 자신도 그 말씀의 실현이 지체되어 믿음의 시련을 겪었습니다. 그런데 예레미야서 첫 장에서 하느님은 "사실 나는 내 말이 이루어지는지 지켜보고 있다"(예레 1,12)라고 말씀하십니다. 예레미야가 부르심을 받던 요시야 통치 십삼 년(예레 1,2), 곧 기원전 627년에 하느님께서 이렇게 말씀하셨다고 하면, 하느님은 예루살렘이 멸망한 기원전 587년까지 사십 년 동안 지켜보고 계셨다는 뜻이 됩니다. 그 오랜 기다림 끝에 결국 그 말씀은 이루어졌습니다.

이제 제2이사야에서 선포되는 말씀의 내용은 정반대입니다. 이제는 "복역 기간"(40,2)이 끝났다고, 하느님의 위로를 전하라고 하십니다. 백성은 위로의 말씀도 믿기 어려워할 것이고 받아들이지 못할 것입니다. 예언자에게도 그 말씀을 전하는 일은 결코 쉽지 않을 것입니다. 심판을 선고한 예언자 예레미야와 다름없이, 그도 불신과 거부를 겪을 것입니다. 그렇지만 "우리 하느님의 말씀은" 살아 있고 힘이 있는 말씀입니다(히브 4,12 참조). 가능성이 전혀 없어 보인다 해도 하느님은 당신 구원의 약속을 반드시 실현하십니다.

심판을 선고하는 것도, 기쁜 소식을 전하는 것도 쉬운 일은 아닙니다. 하지만 예언자에게 주어진 약속은 그 하느님의 말씀이 영원하시다는 것입니다. 이렇게 시작된 이사야 예언서 제2부의 마지막 부분에서 하느님은, "내 입에서 나가는 나의 말도 나에게 헛되이 돌아오지 않고 반드시 내가 뜻하는 바를 이루며 내가 내린 사명을 완수하고야 만다"(55,11)라는 말씀으로 다시 이를 확인해 주실 것입니다.

15

"여기에 나의 종이 있다"(42,1)

추리 소설을 제대로 즐기려면 호기심을 참는 인내가 필요합니다. 오직 범인이 누구인지를 알기 위해서 긴 이야기를 다 읽지는 않지요. 범인만 알려고 한다면 아마 중간 부분 절반 정도는 건너뛰고 처음과 끝만 읽을 것입니다. 그런데 범인을 찾는 과정도 중요하지만, 사실은 그 과정을 통해 나타나는 인간들의 모습과 세상에 대한 이해도 중요합니다. 그래서 끝까지 범인을 찾지 못한다 해도 훌륭한 문학 작품이 될 수 있을 것입니다.

주님의 종의 노래

이사야 예언서 제2부의 특징 중 하나는 '주님의 종'이 나타난다는 점입니다. 그런데 여기서 '주님의 종은 누구인가?'라는 질문만을 품고 본문에 다가가다 보면 많은 것을 놓치고 맙니다. 그리고 불행히도, 주님의 종의 노래들이 지닌 공통점은 '종이 누구인지 한마디로 말할 수가 없다'는 것입니다.

  종이 누구인지 명확하지 않다는 것은, 주님의 종의 노래라고 불리는 본문들이 어떻게 '발견된' 것인지를 보아도 알 수 있습니다. 우리말 《성경》 본문에서 파란색으로 표기된 소제목들은 성경 원문에는 들어 있지 않지요. 그런데 40-55장에는 종이라는 단어가 자주 나오는 편입니다. 이십여 회 됩니다. 그 가운데 대부분 '종'은 이스라엘입니다. 예를 들면 "이스라엘아, 너는 나의 종이다"(44,21)라는 식입니다(41,8.9; 44,1.2; 45,4; 48,20 등). 그런데 본문에 등장하는 '종'이 이스라엘이 아닌 듯이 보이는 부분들이 있습니다. 이 노래들에서 '종'은 이스라엘이라는 한 민족을 지칭하기보다 어떤 개인을 나타내는 것으로 보이고, 때로는 그 종이 이스라엘을 대상으로 어떤 사명을 수행하기 때문입니다. 종은 수수께끼 같은 인물로 나타납니다. 이런 부분들을 지칭하여, 19세기 말에 베른하르트 둠(B. Duhm)이라는 학자가 '주님의 종의 노래'라는 표현을 사용했습니다. 그 노래들의 시작과 끝에 대해서는 의견이 조금씩 다르지만, 우리말 《성경》에서는 42,1-9을 주님의 종의 첫째 노래, 49,1-7을 둘째 노래, 50,4-11을 셋째 노래, 52,13-53,12을 넷째 노래로 봅니다.

종은 누구인가?

종이 누구인지에 대해서는 의견이 갈라집니다. 일단 네 노래 모두에 나오는 종이 같은 사람이라고 단정 짓기도 어렵습니다. 네 노래에는 공통점도 있지만 차이점도 적지 않습니다. 이 종이 한 개인이라고 여기는 이들은 종이 이 예언서가 작성되던 시대의 어떤 역사적 인물이라고 보기도 하고, 미래의 인물에 대한 예언이라고 보기도 합니다. 그 인물은 임금이나 위대한 예언자, 또는 메시아일 수 있습니다. 우리는 앞으로 각 노래에 대해 본문에서 증거를 찾으며 몇 가지 가능성을 생각해 볼 것입니다.

그리고 또 하나 기억할 점은, 둡은 종이 이스라엘을 지칭하지 않는 것으로 보이는 부분들을 주님의 종의 노래라고 했지만, 이와 달리 이 노래들에 나오는 종도 이스라엘이라고 보는 이들도 있다는 점입니다. 유다인들 사이에서는 오히려 이것이 일반적인 해석입니다. 우리말로 번역된 책들 가운데에는 아브라함 J. 헤셸의 《예언자들》이 이러한 유다교 전통의 해석을 보여 줍니다.

이 정도 해 두고 이제 주님의 노래들을 하나씩 읽어 봅시다. '종이 누구인가?' 하는 질문은 아직 남아 있지만, 그것만이 전부는 아님을 기억합시다. 종이 누구인지 알지 못하더라도 본문은 종에 대해 많은 것을 말해 줍니다.

"여기에 나의 종이 있다"(42,1)

주님께서 선언하십니다. "여기에 나의 종이 있다. 그는 내가 붙들어 주는 이, 내가 선택한 이…"(42,1). 하느님의 이 말씀이 어떤 인물을 사람들 앞에 소개하시는 것으로 보여서 종의 임명식이라고도 보는데, 종이 누구인지 바로 나오지 않아 이 단락을 종의 노래라고 일컫는 것입니다.

그럼 종은 누구일까요? (나쁜 질문입니다.) 여기서도 종을 이스라엘이라고 보는 해석이 가능합니다. 이 노래에서 종에 대하여 사용된 표현인 '붙들어 주다', '선택하다'는 바로 앞 장인 41장에서 이스라엘에게 적용되었던 단어들입니다(41,8.10 참조). 하느님께서 손을 붙잡아 주셨다는 것도(42,6) 마찬가지입니다. 그렇다면 여기서 종의 이름이 나오지 않는다 해도 그 종을 이스라엘이라고 받아들이는 것은 자연스럽습니다.

고대에 이 본문을 그리스어로 번역한 이에게도 이 종은 분명 이스라엘이었던 모양입니다. 그는 42,1의 "나의 종"에 "야곱"을 덧붙였고 "내가 선택한 이"에는 "이스라엘"을 첨가했습니다. 이는 고대의 이스라엘인들이 전통적으로 이 본문을 그렇게 이해했음을 보여 주는 증거입니다.

"그는 민족들에게 공정을 펴리라"(42,1)

하지만 다른 해석도 가능합니다. 주님의 종의 노래들에서 종은 한 민족이라기보다 개인으로 보인다고 했습니다. 하느님께서 선택하시고 붙들어 주신다는 것은 개인에게 더 잘 적용되고, 하느님께서 당신 영을 주신다는 것도(42,1) 보통 주님께서 선택하신 판관이나 임금(사울, 다윗 등), 예언자들에게 사용되던 표현입니다.

특히 "민족들에게 공정을 편다"는 것은 임금의 역할이고, 이 본문의 바로 앞 문맥을 생각하면 그 임금은 페르시아의 키루스라고 생각됩니다. 주님께서 "해 뜨는 곳"인 동쪽 페르시아에서 그를 지명하여 부르셨고, 그는 바빌론을 점령하여 "북쪽에서" 일어납니다. 키루스는 여러 민족을 정복했습니다("통치자들을 진흙처럼 짓밟으리라": 41,25).

또한 앞서 살펴본 바와 같이, 이전의 정복자들인 아시리아나 바빌론과는 달리 페르시아는 정복된 민족들에게 관대한 정책을 폈습니다. 키루스는 다른 억압자들처럼 외치거나 소리를 높이지 않았고(42,2), "부러진 갈대, 꺼져 가는 심지"(42,3) 같은 다른 민족들을 살려 주었습니다. "섬들"(42,4), 곧 여러 민족이 그를 기다렸습니다. 그는 바빌론에 유배 가 있던 이스라엘에게도 귀향을 허락했기 때문에("풀어 주기 위함이다": 42,7), 이스라엘에게 키루스는 정의를 펼치는 구원자와 같았습니다.

키루스 외에 다른 역사적 인물을 주님의 종으로 생각하기도 합니다. 많지는 않지만, 모세, 즈루빠벨, 다리우스 등을 '종'으로 생각하는 이들도 있습니다. "내가 너를 빚어 만들어"(42,6)라는 구절에서 예레미야를 연상하면서, 여기서 말하는 '종'이 이 본문을 쓴 예언자 자신이라고 보기도 합니다.

"나의 종"(42,1)

다시 첫머리로 돌아갑니다. 42,1과 다른 모든 종의 노래들에서 '종'으로 번역된 히브리어 단어는 '에벳(ebed)'입니다. 칠십인역에서는 이 '에벳'을 그리스어 '파이스(pais)'로 옮겼습니다. 그런데 이 '파이스'는 종이라는 의미뿐만 아니라 아이, 아들이라는 의미도 지니고 있습니다. 그래서 복음서 저자들은 그리스어로 옮긴 이 구절(42,1)을 생각하면서, 예수님이 세례를 받으시는 장면에서 그 말씀을 인용합니다(마태 3,17; 마르 1,11). "이는 내가 사랑하는 아들, 내 마음에 드는 아들"이라는 말씀이 여기에서 비롯된 것입니다. 루카 9,35에서는 거룩한 변모 장면에서 같은 구절을 인용합니다.

더욱이 마태 12,18-21에서는 이사 42,1-4을 거의 그대로 인용하면서 예수님이 온유한 메시아이심을 말해 줍니다. "부러진 갈대, 꺼져 가는 심지"(42,3)를 포기하지 않고 끝까지 하느님의 말씀을 선포함으로써 죽어 가는 그 사람들을 살아나게 하는 충실한 예언자의 모습이 예수님에게서 완성되는 것입니다.

다시, 주님의 종은 누구인가?

이렇게 보면 여러 해석에 모두 근거가 있어 보입니다. 사실입니다. 유다교의 전통적인 해석에서는 종의 노래들에서도 종을 이스라엘이라고 생각하고, 첫째 노래에서 종에게 적용된 표현들이 이사야서 다른 부분에서는 이스라엘에게 사용되었음을 지적합니다.

한편 주님의 종의 첫째 노래에서 종이 한 개인이라고 생각하는 이들은 이 노래에 묘사된 종이 임금 또는 예언자의 특징을 지니고 있음을 강조합니다. 그리고 그리스도교 전통에서는 이미 신약성경에서 이 노래를 인용하여 예수님의 공생활을 해석했습니다.

아직 둘째, 셋째, 넷째 노래들이 남아 있으므로 결론은 내리지 않겠습니다. 아직은 추리 소설 마지막 장을 열어 볼 때가 아닙니다. '종은 누구인가?'라는 질문을 잠깐 덮어 둡시다. 그러면 다른 많은 것이 보일 것입니다. 하느님께서 당신 종을 선택하시고 붙들어 주시며, 그 종은 꺼져 가는 심지를 되살려 가며 민족들의 빛이 되어 세상에 공정을 폅니다. 그렇다면 섬들도 그의 가르침을 기다린다는 것은 당연한 일이 아닐까요? 종이 누구이든, 세상은 – 하느님을 알지 못하는 이방 민족들도 – 그런 종을 기다립니다.

> 종이라는 단어에서 꼭 노예나 미천한 신분을 떠올릴 필요는 없습니다. 구약성경에서 주님의 종으로 가장 많이 일컬어지는 인물은 임금이었던 다윗입니다. 주님의 종은 주님을 섬기는 사람, 주님께서 어떤 일을 맡기시는 사람이기에, '주님의 종'은 오히려 명예로운 호칭입니다.

16

"나는 너를 민족들의 빛으로 세운다"(49,6)

이번에는 이사야서를 읽는 독자의 입장이 아니라 이 예언서에 등장하는 '주님의 종' 입장에서 종의 노래들을 생각해 보겠습니다. 하느님께서 오늘 나를 부르시고 보내신다면 어떨까요? 나를 선택하시고 사람들에게 파견하시는 것은 나에게 좋은 일일까요? 내 삶은 어떻게 될까요? 하느님께서 부르시고 파견하실 때에는 아직 그 후에 일어날 일들을 다 알지 못합니다. 그 후에 겪게 될 일들을 다 알고 있다면, 부르심에 응답할 수 있을까요? 그냥 하느님께 다른 사람을 찾으시라고, 나는 이대로 살도록 내버려 두시라고 하고 싶지는 않을까요?

"주님께서 나를 모태에서부터 부르시고"(49,1)

주님의 종의 첫째 노래(42,1-9)에서는 하느님께서 우리 앞에 당신의 종을 보여 주셨습니다. 부러진 갈대를 꺾지 않으며 조용히 세상에 공정을 펼치는 임무를 맡은 그 종을 당신께서 친히 선택하셨음을 우리에게 선언하셨습니다. "섬들도"(42,4) 그 종의 가르침을 기다렸습니다.

이제 둘째 노래(49,1-7)에서는 종 자신이 먼 곳에 사는 민족들에게 말을 합니다. "주님께서 나를 모태에서부터 부르시고", 이 말을 들으면 바로 예레미야가 생각납니다(예레 1,5 참조). "빚어 만드셨다"(49,5)는 표현도 마찬가지로 예레미야에게 사용되었던 것입니다. 하느님께서는 그가 태어나기 전부터 그를 아셨고 그를 당신 예언자로 택하셨습니다.

계속해서 주님의 종은 예언자의 모습을 보입니다. 하느님께서 "내 입을 날카로운 칼처럼"(49,2) 만드셨다는 것은 그의 사명이 사람들 앞에서 말을 하는 것임을 암시합니다. 지금 우리는 이사야 예언서 제2부를 읽고 있지만, 이 책의 첫 부분에서는(6장) 예언자가 부르심을 받을 때에, 하느님께서 숯불로 예언자의 입술을 정화하셨습니다. 지금 이 노래에 나오는 종은 어쩌면 제2이사야 자신일 수도 있겠습니다.

"너는 나의 종이다. 이스라엘아"(49,3)

그런데 다른 구절에서는 갑자기 하느님이 그 종을 "이스라엘"이라고 부르십니다. 첫 번째 노래에서와 마찬가지로, 이 노래에서 사용되는 여러 표현이 이사야서의 다른 부분들에서 이스라엘에게 적용되었던 것은 사실입니다. 하느님께서는 이스라엘을 선택하시고(41,8), 빚어 만드시고 그 이름을 지어 주셨습니다(43,1).

하지만 종을 바로 이스라엘과 동일시하기에는 문제가 있습니다. 그 종의 사명이 야곱 곧 이스라엘을 당신께 돌아오게 하는 것이기 때문입니다(49,5). 그렇다면 이스라엘이 스스로를 돌아오게 할 수는 없으니, 종은 이스라엘일 수가 없습니다.

이 문제에 대해서는, 이 노래에 나오는 '종'이 이스라엘의 일부, 참된 이스라엘을 지칭한다는 해석이 일반적입니다. 이스라엘 가운데 충실한 이들이 "이스라엘의 생존자들을 돌아오게" 하고, 더 나아가서 하느님의 구원이 "땅끝까지 다다르도록" 하는 "민족들의 빛"이 되어야 하는 것입니다(49,6).

이렇게 유보 조건을 둔다면 종이 이스라엘이라는 말도 아주 틀린 말은 아닙니다. 이스라엘 전체는 아니라 하더라도, 충실한 이스라엘이 주님의 종으로서 세상 모든 민족에게 그들의 사명을 수행해야 하는 것입니다.

"나는 쓸데없이 고생만 하였다"(49,4)

종이 그 사명을 수행하는 방식은 셋째와 넷째 노래에서 더 분명히 드러나겠지만, 둘째 노래만 보아도 그 길이 평탄하지 않다는 것을 알 수 있습니다. 종은 자신의 사명을 수행하면서, 헛수고만 하고 있다고 느낍니다. 힘을 다 썼는데 아무 소용이 없습니다. 그는 "심한 멸시를 받는 이, 민족들에게 경멸을 받는 이, 지배자들의 종이 된 이"(49,7)입니다. 분명, 종의 사명은 그런 길을 거쳐 가야 합니다.

왜 그럴까요? 먼저, 종이 이스라엘이라는 전제에서 출발해 봅니다. 이스라엘이 어떻게 해서 민족들의 빛이 되고 하느님의 구원을 땅끝까지 다다르도록 합니까? 그것은 이스라엘이 위대한 대제국을 세워 온 세상을 구원하기 때문이 아닙니다. 이스라엘은 지금까지 멸망하여 멸시를 받고 있습니다. 그런데 하느님께서 그런 이스라엘을 다시 살리십니다. 죽은 줄 알았던 이스라엘이 다시 살아날 수 있게 하십니다. 여기에서 하느님의 능력과 영광이 드러납니다. 이스라엘이 강하고 부유해서가 아니라, 오히려 아무 힘도 없는 민족이기에 그들을 일으키는 하느님의 영광이 빛납니다. 바로 이어지는 다음 단락의 제목이 '기적적인 귀향과 복구'이지요. 인간의 힘으로는 불가능해 보이는 그 회복을 통해 모든 민족이 이스라엘의 하느님을 알게 됩니다. "이스라엘아, 너에게서 내 영광이 드러나리라"(49,3)는 하느님의 말씀에서, 바오로 사도가 들었던 "나의 힘은 약한 데에서 완전히 드러난다"(2코린 12,9)는 말씀이 떠오릅니다.

   종을 예언자 자신으로 보는 경우도 마찬가지입니다. 이스라엘의 남은 자들과 세상의 모든 민족을 하느님께로 돌아오게 해야 하는 예언자는 환영을 받지 않을 것이고 실패와 좌절을 겪을 것입니다. 하지만 그렇게 힘없는 종을 하느님께서 선택하시기에 그에게서 하느님의 영광이 드러날 것입니다. "임금들이 보고 일어서며 제후들이 땅에 엎드리리니 이는 신실한 주, 너를 선택한 이스라엘의 거룩한 분 때문이다"(49,7). 예언자 자신, 또는 이스라엘 자신 때문이 아니라 그 종을 구원하시는 이스라엘의 하느님 때문에 종은 이스라엘을 모아들이고 민족들의 빛이 됩니다.

"나는 거역하지도 않고"(50,5)

주님의 종의 셋째 노래(50,4-11)에 이르면, 부르심을 받은 종이 그 사명을 수행한 결과로 그에게 돌아온 것이 무엇인지를 더 뚜렷이 보게 됩니다.

이 부분은 제2이사야 자신에 대한 말일 가능성이 큽니다. 본문에서는 '나'의 이야기를 하고 있습니다(다른 사람이 말을 하는 10-11절은 후대에 덧붙여졌을 가능성이 큽니다). 하느님께서 그에게 "제자의 혀"를 주시어 "지친 이를 말로 격려할 줄 알게" 하셨다는 것은(50,4) 아마도 유배 중인 이스라엘에게 위로의 말씀을 선포한 예언자인 제2이사야의 사명을 가리키는 듯합니다.

이사야서 40장을 읽으면서 우리는, 심판을 선고한 예언자들도 환영을 받지 못했지만 기쁜 소식을 전한다고 해서 사람들이 그 말씀을 잘 받아들이는 것도 아니라는 점을 생각했습니다. 예언자가 심판을 선고하든 기쁜 소식을 전하든, 사람들은 그 말을 믿지 않습니다. 주님의 종의 셋째 노래에서도 종은, 하느님께서 선포하라고 하시는 말씀을 그대로 받아 전해야 합니다. 예언자는 "무엇을 외쳐야 합니까?"(40,6)라고 하느님께 반문했습니다. 하느님께서 나를 이 백성을 위한 예언자로 부르시는데, 도대체 그들에게 할 말이 없는 것입니다. 그래서 예언자는 먼저 하느님의 말씀을 들어야 합니다. 지친 이들을 격려하기 위해서는 먼저 "제자들처럼"(50,4) 듣는 것이 필요합니다. 듣지 않고서는 그도 할 말이 없습니다.

아무 희망 없이 살아가는 이들, 말씀을 전하러 가도 쳐다보지도 않을 이들에게 전할 말씀을 하느님께서 내 귀에 들려주십니다. 어떨까요? 사람들의 반응을 뻔히 예상할 수 있다면, 차라리 귀를 막은 채 하느님 말씀을 듣고 싶지 않을지도 모릅니다. 하지만 이 예언자는 물러서지 않습니다. 쉽지 않은 일입니다. 어떻게 그렇게 할 수 있을까요? 답은 나와 있습니다. "주 하느님께서 내 귀를 열어 주시니"(50,5). 내가 스스로 귀를 여는 것이 아니라 하느님께서 귀를 열어 주십니다. 그 말씀을 거부하지 않고 부르심에 순응할 수 있게 하시는 것조차 하느님의 은총입니다.

"모욕과 수모"(50,6)

그래도 종에게 돌아오는 것은 "모욕과 수모", "소송"(50,8)입니다. 주님의 종의 넷째 노래까지 이어지는 흐름을 보면, 종은 사람들에게 고발당하여 결국 죽임까지 당할 것입니다.

예언자가 이러한 고통을 겪는 것은 뜻밖의 일이 아닙니다. 구약성경에서 이러한 모습이 가장 잘 드러나는 것이 예레미야의 고백록들입니다. 예레미야는 주님의 종의 셋째 노래에 묘사된 종과 같이 모태에서부터 성별되었고 민족들의 예언자로 부르심을 받았지만(예레 1,5), 나중에는 자신이 그 부르심에 응답한 것이 어리숙하여 하느님의 꾐에 넘어간 것이라고 느낍니다. 그는 하느님의 말씀을 선포하지만, 그 말씀은 그에게 날마다 치욕과 비웃음거리가 될 뿐입니다(예레 20,7-8).

예언자는 자신이 태어난 날을 저주할 만큼 괴로워합니다. 그러나 신약성경에서 예수님은 바로 이것이 예언자의 몫이라고 말씀하십니다. "사람들이 나 때문에 너희를 모욕하고 박해하며, 너희를 거슬러 거짓으로 온갖 사악한 말을 하면, 너희는 행복하다! 기뻐하고 즐거워하여라. 너희가 하늘에서 받을 상이 크다. 사실 너희에 앞서 예언자들도 그렇게 박해를 받았다"(마태 5,11-12). 그와 반대로, "모든 사람이 너희를 좋게 말하면, 너희는 불행하다! 사실 그들의 조상들도 거짓 예언자들을 그렇게 대하였다"(루카 6,26)라고도 하십니다.

더 이상 설명이 필요하지 않습니다. 정말로 하느님의 말씀을 전한다면, 사람들이 늘 좋아하기를 바랄 수는 없습니다. 중요한 것은 사람들이 내 말을 즐겨 듣는지 여부가 아니라, 내가 하느님께서 들려주신 말씀을 그대로 전하고 있는지 여부입니다. 그렇다면 나는 하느님께서 함께 계심을, 나를 의롭다 하심을 믿을 수 있을 것입니다(50,8). 그러나 거부와 박해는 결코 피해 갈 수 없을 것입니다. 그래서 종으로 부르심 받는 것은 인간으로서는 피하고 싶은 몫일 수밖에 없습니다.

17

"보라, 나의 종은 성공을 거두리라"(52,13)

"하는 일마다 잘되리라"(시편 1,3). 근래에 들어 여기저기 인용되는 것을 가끔 보게 되는 시편 구절입니다. 그런데 이 구절을 보면 이런저런 의문들이 떠오릅니다. 요즘 사람들은 '하는 일마다 잘되는' 데에 관심이 많은가? 저 시편 구절의 의미를 과연 얼마나 이해하고 있을까? 저 구절을 적어 놓고 하는 일이 잘 되지 않을 때는 무슨 생각을 할까?

"보라, 나의 종은 성공을 거두리라"(52,13)

주님의 종의 넷째 노래는 "보라, 나의 종은 성공을 거두리라"는 말로 시작합니다. 괄호 안에 '이사 52,13'이라고 쓰여 있지 않다면, 이 구절이 주님의 종의 노래에 나온다는 것을 맞추기 어려울지도 모르겠습니다. 더구나 넷째 노래는 주님의 종의 노래들 가운데서도 가장 무거운 본문입니다. 성금요일에 읽는 독서이기도 하지요. 그런데 그 노래가 "성공을 거두리라"는 말로 시작됩니다. 여기에 사용된 단어는 시편 1편에서 나왔던 "(하는 일마다) 잘되리라"와 같은 단어입니다. 주님의 종이 하는 일이 과연 잘 되어 가는 것일까요?

먼저 노래의 짜임을 봅시다. 이 노래는 말하는 이에 따라 세 부분으로 구분됩니다. 첫머리에 "나의 종"이라고 되어 있는 것을 보면 이 부분에서 말씀하시는 분은 하느님이십니다(52,13-15). 하느님은 이 종이 겪었던 고통과 '성공'을 말씀하십니다. 이어서 53,1부터는 "우리"로 표시되는 다른 사람들이 그 종을 바라보며 말합니다(53,1-10). 그들도 처음에는 종의 고통을 이해하지 못합니다. 그들은 종이 겪고 있는 고통을 보면서 그 종이 하느님께 버림을 받았다고 생각합니다. 하지만 나중에는 그 고통의 의미를 깨닫게 됩니다. 노래의 마지막 부분에서는 다시 그 종을 "의로운 나의 종"(53,11)이라 지칭하며 하느님께서 그 종의 미래를 확인해 주십니다(53,11-12).

"우리는 그를 벌받은 자로 … 여겼다"(53,4)

이제부터는 본문을 순서대로 읽지 않고, 풀어헤쳐서 논리적 전개에 따라 다시 정리를 해 보겠습니다.

일단, 하느님께서 말씀하시는 부분들을 보면 첫 줄에서 하느님은 당신 종이 성공을 거두리라고 말씀하십니다. 마지막에는 "그는 높이 올라 숭고해지고 더없이 존귀해지리라"(52,13)고도 말씀하십니다. 앞서 시편 1편의 구절에서 "(하는 일마다) 잘되리라"는 것과 마찬가지로, 결과가 좋으리라는 뜻이겠지요. 적어도 끝에는 이야기가 잘 풀리리라고 예상할 수 있을까요?

하지만 본문은 줄곧 그 종의 고통에 대해 말합니다. 지금 주님의 종의 모습을 보니 그는 사람들이 질겁할 만큼 모습이 망가졌습니다(52,14). 그는 병에 걸렸고(53,3), 찔렸고, 으스러졌고, 상처를 입었고(53,5), 학대받고 천대받았고(53,7), 구속되어 판결을 받고 제거되기까지 했습니다(53,8). 사람들에게 죄인으로 판결을 받아 죽임을 당하고 악인들과 함께 묻혔습니다(53,9). 그러니 보는 이들도 당연히, 종은 사람들 앞에서

나 하느님 앞에서나 죄인이고 그래서 벌을 받은 것이라고 믿었습니다.

  욥이 자녀들과 재산을 모두 잃고 병에 걸렸을 때에 욥의 친구들은 분명 그가 죄를 지었기 때문일 거라고, 하느님께 그 죄를 용서해 주시기를 간청해야 한다고 고집하지요. 그것이 전통적인 인과응보의 가르침이었습니다. 착한 사람은 상을 받고 악한 사람은 벌을 받는다고 굳게 믿는 이들은, 엄청난 고통을 당하는 사람은 죄가 많아서 그런 일들을 당하고 천벌을 받은 것이라고 생각했습니다. 그래서 사람들은 주님의 종을 보면서 "벌받은 자, 하느님께 매맞은 자, 천대받은 자"(53,4)라고 여깁니다.

  어떻습니까? 고통을 받을 뿐만 아니라 그가 겪는 고통이 천벌이라고, 악한 짓을 저질렀으니 저런 벌을 받는다고 모욕을 당하는 사람. 그의 삶이 '성공'한 것으로 보입니까? 하는 일마다 잘 되는 것 같습니까?

"의로운 나의 종은"(53,11)

그러나 그는 죄인이 아니었습니다. 사람들도 그가 폭행을 저지르거나 거짓을 말한 적이 없다는 것을 압니다(53,9). 하느님은 그가 "의로운 나의 종"이라고 말씀하십니다. 그가 자신의 죄 때문에 벌을 받은 것이 아니라는 뜻이지요. 그런데도 그는 "악인들과 함께 묻히고"(53,9), "무법자들 가운데 하나로"(53,12) 헤아려졌습니다. 전통적인 인과응보의 도식으로는 설명할 수 없는 일입니다.

주님의 종의 넷째 노래는 무죄한 이의 고통에 대하여 전대미문의 설명을 내놓습니다. "그가 찔린 것은 우리의 악행 때문이고"(53,5). 그의 죄 때문이 아니라 우리의 죄 때문에 그가 고통을 당했습니다. 그것도 기꺼이 당했습니다. "도살장에 끌려가는 어린 양처럼"(53,7). 그가 벌을 받았기에 오히려 벌을 받았어야 할 우리는 평화를 얻었고, 그가 상처를 받았기에 우리는 나았습니다(53,5).

가장 이해할 수 없는 구절, 주님의 종의 넷째 노래의 가장 특징적인 구절은 "의로운 나의 종은 많은 이들을 의롭게 하고"(53,11)라는 말씀입니다. 그는 "속죄 제물"(53,10)로 일컬어집니다. 무죄한 종이 고난을 당함으로써 다른 이들이 의롭게 되었다는 것입니다. 이것이 대속代贖입니다. 고통을 받음으로써, 그는 자신의 죄를 갚는 것이 아니라 '우리'의 죄를 갚았습니다. "이는 그가 죽음에 이르기까지 자신을 버리고 … 많은 이들의 죄를 메고 갔으며 무법자들을 위하여 빌었기 때문이다"(53,12).

이해할 수 없는 일입니다. "우리가 들은 것을 누가 믿었던가?"(53,1) 악인이 천벌을 받았다 하면 사람들이 믿을 것입니다. 그런데 의인이 다른 사람, 아니, 우리의 죄 때문에 고통을 받았고 더구나 주님께서 "우리 모두의 죄악이 그에게 떨어지게"(53,6) 하셨습니다. 하느님은 왜 "그를 으스러뜨리고자"(53,10) 하셨는지, 그의 억울한 죽음이 어떻게 다른 이들의 죄악을 짊어지는 것이 될 수 있었는지, 어떻게 그가 "많은 이들을 의롭게" 할 수 있었는지 논리적으로는 설명할 수 없습니다. 그래서 이것은 "이제까지 알려지지 않은 것", "들어보지 못한 것"(52,15)입니다.

"어떻게 알아들을 수 있겠습니까?"(사도 8,31)

저도 설명을 하려고 하지는 않겠습니다. 다만 두 가지 예를 들겠습니다. 다니 12,3에서는 "현명한 이들은 창공의 광채처럼 많은 사람을 정의로 이끈 이들은 별처럼 영원무궁히 빛나리라"라고 말합니다. "정의로 이끌다"는 이사 53,11의 "의롭게 하다"와 같은 단어이고(같은 어근의 같은 변화형), 이 단어는 구약성경에서 이 두 본문에만 사용됩니다. 아마도 다니엘서의 저자가 주님의 종의 노래를 기억하고 염두에 두었으리라 짐작할 수 있습니다. 여기서 다니엘서는 기원전 2세기, 안티오코스 4세가 박해하던 때의 순교자들에 대해 말하고 있습니다. 다니엘서의 저자는, 신앙을 지키며 순교함으로써 백성에게 정의에 이르는 길을 보여 준 이들에게서 주님의 종의 모습을 보는 것입니다.

또 한 가지 예는 사도 8장에 나오는 에티오피아 내시의 이야기입니다. 그는 주님의 종의 넷째 노래를 읽다가 필리포스에게, 이 예언자가 누구를 두고 이야기하는 것이냐고 묻습니다. 필리포스는 그 성경 말씀에서 시작하여 예수님에 관한 복음을 그에게 전합니다(사도 8,32-35). 필리포스는 이 말씀이 예수님에게서 충만하게 실현되었다고 설명합니다(1베드 2,22-25 참조). 그분께서 우리 죄를 위하여 돌아가셨고 그 죽음으로 우리는 죄와 죽음에서 구원되었기 때문입니다.

일부러 두 가지 서로 다른 해석의 예를 들었습니다. 이 본문이 여러 경우에 적용될 수 있다는 것을 말하기 위해서입니다. 주님의 종의 넷째 노래에서는 "그의 모습이 사람 같지 않게 망가지고 그의 자태가 인간 같지 않게 망가져"(52,14) 모습을 알아볼 수 없었다고 하지요. 종의 얼굴은 비어 있습니다. 어떤 이들은 이 구절을 풀이하여, 종에게 얼굴이 없기에 무죄하면서 고통을 받는 모든 이가 이 종의 위치에 대입될 수 있다고 말하기도 합니다. 고통받는 주님의 종은 특정한 인물로 한정되지 않는다는 것입니다.

물론 이 말씀은 "세상의 죄를 없애시는 하느님의 어린양"(요한 1,29)이신 예수 그리스도에게서 충만하게 실현됩니다. 그분께서 가장 완전하게 우리 죄를 위한 '희생 제물'이 되셨고 우리를 '의롭게' 하셨기 때문입니다. 그분은 우리의 죄와 고통을 지고 가셨고, 무죄하시면서 우리의 죄 때문에 죽임을 당하셨습니다. 신약성경에서는 여러 곳에서 주님의 종의 넷째 노래를 인용하거나 암시합니다. "그분께서는 우리의 죄를 당신의 몸에 친히 지시고 십자 나무에 달리시어, 죄에서는 죽은 우리가 의로움을 위하여 살게 해 주셨습니다. 그분의 상처로 여러분은 병이 나았습니다"(1베드 2,24).

그렇다면, 여기서 말하는 '성공'은 무엇이겠습니까? "그는 제 고난의 끝에 빛을 보고"(53,11), "그가 자신을 속죄 제물로 내놓으면 … 그를 통하여 주님의 뜻이 이루어지리라"(53,10). 이것을 가리켜 이사야서는 성공이라고 말합니다. 죽임을 당함으로써 하느님의 뜻이 이루어지고 사람들을 의롭게 하는 것, 그것이 주님의 종이 거둘 '성공'이었습니다.

주님의 종이 성공을 거두었다고 말한다면, 그 성공은 수난과 죽음 후에 오는 부활과 같은 것입니다. 아무도 이해할 수 없는 하느님의 뜻을 받아들일 때, 다른 이들의 죄를 짊어짐으로써 그들이 구원될 때, 그것이 주님의 종이 거둔 성공입니다.

'주님의 종'의 넷째 노래가 언급된 신약성경 구절

이사 52,13 // 요한 12,32; 에페 1,20-21; 필리 2,9

이사 52,15 // 로마 15,21

이사 53,1 // 요한 12,38; 로마 10,16

이사 53,3 // 마르 9,12

이사 53,4 // 마태 8,17; 히브 2,10

이사 53,5 // 로마 4,25; 1코린 15,3; 2코린 5,21;
갈라 3,13; 에페 2,14.17; 1베드 2,24

이사 53,6 // 1베드 2,25; 2코린 5,21

이사 53,7 // 마태 26,63; 27,12-14; 마르 14,61;
요한 19,9; 사도 8,32-33

이사 53,9 // 1베드 2,22

이사 53,10 // 1요한 2,2; 마태 26,42; 요한 4,34

이사 53,11 // 사도 3,13; 로마 3,26; 5,18; 1베드 3,18

이사 53,12 // 마태 26,28; 히브 9,28; 루카 22,37;
로마 4,25; 8,34; 1베드 2,24; 히브 7,25

＊《주석 성경》 참조

18

"주님은 영원하신 하느님
땅끝까지 창조하신 분이시다"(40,28)

불경하게 보일 수 있는 질문을 좀 하겠습니다. 사도신경을 외울 때마다 "천지의 창조주를 저는 믿습니다"라고 고백하지요. 천지를 누가 창조했는가 하는 문제가 중요하다고 생각하십니까? 천지가 하느님이 아닌 다른 누구에 의해 만들어졌다거나, 또는 창조된 것이 아니라 영원으로부터 존재했다고 한다면 무슨 차이가 있을까요? 이 질문 때문에 머리가 혼란스럽거나 신앙의 위기가 온다고 느끼시는 분께는 처방약으로 다른 질문을 드리겠습니다. 창조 문제가 중요하지 않다면 이사야서 40장에서는 왜 하느님을 "땅끝까지 창조하신 분"(40,28)이라고 말하겠습니까? 분명 무엇인가 의미가 있으니까 그렇게 말했을 것입니다.

창조주 하느님

이사야 예언서 제2부에는 몇 가지 중요하고 새로운 신학적 주제가 나타납니다. 그 가운데 하나가 창조입니다. 구약성경에서 창조 교리는 주로 창세기와 이사야서에서 다루어지고, 다른 부분에서는 단편적으로 나타납니다. 많은 책에서 다루는 주제가 아니기에 제2부의 특징이라고 할 수 있습니다.

제2부의 첫 장인 40장에서부터 이미 창조라는 주제가 되풀이하여 강조됩니다. 이 장에서 하느님은 손바닥으로 바닷물을 되었고 산과 언덕들을 천칭으로 달았던 분(12절), 하늘을 휘장처럼 펴신 분(22절), 별들을 창조하신 분(26절), 땅끝까지 창조하신 분(28절)이라고 일컬어집니다. 무슨 의미에서 그렇게 자주 지칭할까요? 지금 이 중요한 시점에서, 우리와는 별 상관없는 옛날 이야기를 하고 있는 것일까요?

요나서의 마지막 장면이 떠오릅니다. "너는 네가 수고하지도 않고 키우지도 않았으며 … 이 아주까리를 그토록 동정하는구나! 그런데 … 이 커다란 성읍 니네베를 내가 어찌 동정하지 않을 수 있겠느냐?"(요나 4,10-11) 요나는 아주까리가 말라 버리자 하느님께 "화가 나서 죽을 지경"(요나 4,9)이라고 합니다. 그가 아주까리를 심어 키운 사람이었다면 훨씬 더 안타까워했겠지요. 더 나아가서, 왼쪽과 오른쪽을 가릴 줄 모르는 니네베의 수많은 사람을 만드시고 돌보신 하느님이 그들을 아끼지 않으실 리 없습니다. 하느님에게는 모두 소중한 사람이기에, 그들이 어떤 잘못을 했더라도 그들을 잃고 싶지 않으셨을 것입니다.

그러면 이제 이사야서를 읽는 이들에게로 돌아가 봅시다. 다윗 왕조가 무너지고 성전이 불타 없어지고, 바빌론에 유배를 간 지도 한 세대가 지났습니다. 곧 돌아가리라고 생각했는데, 이제는 희망이 보이지 않습니다. 버려진 아이처럼, 아무도 우리의 처지를 돌아보지 않는 것처럼 느껴집니다. "나의 길은 주님께 숨겨져 있고 나의 권리는 나의 하느님께서 못 보신 채 없어져 버린다"(40,27). 멀리 유배지에 가 있으니 더욱 외롭습니다. 이 먼 땅에서 수십 년째 살고 있는데, 하느님으로부터는 아무 소식이 들리지 않습니다.

그때 예언자가 말합니다. "땅끝까지 창조하신 분"이신 하느님은 저 수많은 별을 만드셨고 그 하나하나의 이름을 부르시는 분이라고. 세상에 존재하는 것은 모두가 하느님이 만드신 것이고, 그래서 그 모두가 하느님께 소중하다고. 인간이 헤아릴 길 없는 무궁무진한 지혜로 만물을 돌보시는 하느님은, 이 먼 땅에 와 있는 너의 발걸음도 헤아리신다고. 그러니 그분을 믿고 힘을 내라는 것입니다. 신약성경에서 예수님이 박해의 위험을 예고하시면서 "참새 다섯 마리가 두 닢에 팔리지 않느냐? 그러나 그 가운데 한 마리도 하느님께서 잊지 않으신다. 더구나 하느님께서는 너희의 머리카락까지 다 세어 두셨다. 두려워하지 마라. 너희는 수많은 참새보다 더 귀하다"(루카 12,6-7)라고 말씀하시는 것도 같은 맥락입니다.

태초에 하늘과 땅을 만드셨다는 것, 그것이 억만 년 전에 있었던 일이라고 우리와 상관없는 일이 아닙니다. 하느님이 세상 만물을 창조하셨다는 것은 우리에게 순간마다 우리를 돌보는 분이 계시다는 것을 의미합니다. 밥을 먹거나 말거나, 병이 들거나 말거나, 유배를 가거나 말거나 아무도 신경 쓰지 않는 것이 아니라, 어떤 처지에서도 나에게 눈길을 고정하고 있는 분이 계심을 뜻합니다. 멀리 유배지에 가 있는 이스라엘은 그 하느님께 희망을 둡니다.

유일하신 하느님

이스라엘의 하느님이 "땅끝까지 창조하신 분"이라는 사실은 유일신 사상과도 연관됩니다. 땅의 일부가 아니라 "땅끝까지" 오직 그분이 창조하셨다면, 다른 신이 자리할 여지가 없게 됩니다. 이것 역시 이사야 예언서 제2부의 신학적 특징입니다.

구약 시대 이스라엘에 처음부터 유일신 신앙이 있었던 것은 아닙니다. 이른 시기에는 바알이나 아세라와 같이 다른 민족이 섬기는 신들이 과연 존재하는지 여부는 주된 관심사가 아니었습니다. 오직 중요한 것은, 다른 민족이 다른 신들을 섬길지라도 이스라엘은 오직 주님 한 분만을 하느님으로 섬겨야 한다는 것이었습니다(특히 신명기). "주님께서 하느님이시라면 그분을 따르고 바알이 하느님이라면 그를 따르십시오"(1열왕 18,21)라고 말했던 엘리야는 다른 이들보다 앞서 나간 것으로 나타납니다.

좀 과감하게 말한다면, 많은 경우는 다른 신들이 존재한다 해도 상관이 없었을 듯합니다. 이스라엘이 그들에게 마음을 주지 않으면 되는 것이었습니다. 이스라엘이 다른 신들을 섬겼다면 주님은 질투하셨겠지요. 그런데 바빌론 유배를 겪던 시기에, 엄밀한 의미의 유일신 신앙이 확립됩니다. "나 말고 다른 신은 없다"(44,6)는 것을 분명히 주장하게 되는 것입니다. 이 점에서 이사야 예언서 제2부는 신학적으로 중요한 한 단계가 됩니다.

다른 신들이라는 것은 아예 존재하지 않기에 그들은 질투의 대상이라기보다 조롱의 대상이 됩니다. "너희가 신이라는 것을 우리가 알 수 있도록 다가올 일들을 알려 보아라. 우리가 함께 겁내며 두려워하도록 좋은 일이든 나쁜 일이든 해 보아라"(41,23). 어떤 단락에서는 우상을 만드는 사람들의 어리석음을 묘사합니다. 사람들은 나무를 베어서 일부는 잘라 불을 피워 고기를 굽고, 그 나머지 토막으로 신을 만듭니다(44,16-17). 그러니 그들이 신이라고 하는 것들은 고기 굽는 장작이나 다를 것이 없습니다. 그 신들은 사람들이 어깨에 메고 다녀야 하지만, 이스라엘의 하느님은 당신 백성을 안고 다니십니다(46,1-7).

우상이란 사람들이 필요에 따라 자기 손으로 만든 것일 뿐

아무것도 하지 못합니다. 우상은 모두 생명 없는 존재입니다. 살아 계시며 역사에 개입하시고 앞으로 일어날 일들을 알고 계실 뿐만 아니라 그 일들을 이루어 가시는 분은 오직 주님 한 분이십니다.

키루스를 부르신 하느님

그렇다면, 페르시아 임금 키루스에 대해서는 어떻게 설명할 수 있을까요? 페르시아 임금 키루스는 바빌론에 유배 온 이들을 고향으로 돌아가게 했습니다. 이사야 예언서 제2부에서 선포되는 구원은 구체적으로는 키루스를 통해서 실현되고, 그래서 이사야서는 키루스를 '주님의 기름부음받은이(메시아)', '주님께서 오른손을 붙잡아 주신 이'라고 말합니다(45,1).

이스라엘에게는 매우 생소한 일입니다. 이스라엘의 구원이 이방인에 의해 이루어집니다. 주님께서 모세나 판관들처럼 당신 백성 가운데에서 그 백성을 구원으로 이끌 사람을 불러일으키시는 것이 아니라, 전혀 엉뚱한 페르시아 사람이 바빌론을 멸망시키고 이스라엘에게 살 길을 열어 줍니다.

만일 여러 신이 있어서 이스라엘에게는 주님이 있고 바빌론은 바빌론대로, 페르시아는 페르시아대로 그들의 신이 따로 있다면, 키루스를 불러일으킨 이는 아마도 페르시아의 신이어야 할 것입니다. 달리 이해를 하기도 합니다. 역사에서 살펴보면, 바빌론 사람들은 여러 신이 서로 경쟁하는 속에서 그들이 섬기던 신 마르둑이 페르시아의 키루스를 바빌론으로 불러왔다고 생각했습니다. 바빌론의 마지막 임금이었던 나보니두스가 마르둑을 숭배하지 않고 다른 신을 섬겼기에 마르둑이 그를 불러와 나보니두스를 멸망하게 했다는 것이었습니다. 그러나 이들과 달리 제2이사야는, 키루스의 등장 역시 유일한 하느님이신 이스라엘의 하느님께서 이루신 업적이라고 선언합니다. "내가 북쪽에서 한 사람을 일으키니 그가 왔다. 나는 해 뜨는 곳에서 그를 지명하여 불렀다"(41,25). 키루스가 주님을 알지 못했다 하더라도, 키루스를 당신 도구로 택하신 분은 그분일 수밖에 없습니다. 온 세상 모든 나라에서, 역사의 모든 사건은 이스라엘의 하느님이신 주님의 뜻에 따라 이루어집니다. 다른 신이란 처음부터 존재하지 않기 때문입니다.

이사야 예언서 제2부에서 창조 신앙과 유일신 신앙은 결국 같은 내용을 담고 있습니다. 이 세상이 처음 시작된 순간부터 모든 순간에, 그리고 온 세상 땅끝까지 모든 곳에서, 세상을 지배하시는 분은 오직 한 분이라는 것입니다. 유배지에서 긴 시간을 살아오면서 하느님이 자신들을 잊으셨다고 생각하는 이스라엘에게, 예언자는 이 세상 어느 구석도 하느님의 통치를 벗어난 곳은 없다고 말합니다. 나를 만드신 분은 지금도 나를 생각하시고 나를 돌보십니다.

"그러나 이제 야곱아, 너를 창조하신 분,
이스라엘아, 너를 빚어 만드신 분,
주님께서 이렇게 말씀하신다.
'내가 너를 구원하였으니 두려워하지 마라.
내가 너를 지명하여 불렀으니 너는 나의 것이다'"(43,1).

이사야 예언서

제3부

19

> "너희 죄악이
> 너희와 너희 하느님 사이를 갈라놓았고"(59,2)

한참 비가 오지 않았습니다. 저수지에 물이 말라 바닥이 드러나고, 지하수를 찾아 땅을 파도 물이 나오지 않았습니다. 그러던 어느 날 아침, 문을 열고 나가는데 예보에도 없던 비가 조금씩 내리기 시작했습니다. 빗방울이 그렇게 고맙기도 처음인 것 같았습니다. '비를 주시라고 하느님께 더 열심히, 맹렬히 기도를 해야 하나?' 하지만 그 생각이 떠오르자마자 미국이 파리 기후협약 탈퇴를 선언했다는 뉴스가 생각났고, 바로 다른 대답이 들려오는 듯했습니다. '인간들이 기후를 망쳐놓고 하느님을 탓하기는….' 이것이 이사야 예언서 제3부가 작성되던 시기 이스라엘의 모습이기도 했습니다. 이제 이사야서의 마지막 부분, 56-66장으로 들어갑시다.

제3이사야와 그의 시대

제3이사야라는 한 사람의 예언자를 찾을 수 있는 것은 아닙니다. 이사야서 56-66장을 쓴 사람이 있기는 하지요. 하지만 40-55장에서와 마찬가지로 56-66장에서도, 저자가 한 사람이라고 보증할 수는 없습니다. 한 사람이 56-66장을 모두 썼다고 주장하는 사람들은 소수입니다. 대개는 56-66장 가운데서도 60-62장이 먼저 작성되었고 그 앞뒤에 다른 부분들이 덧붙여졌다고 보기 때문에, 저자가 한 사람은 아니라고 봅니다. 어쨌든 누군가가, 기원전 8세기에 이사야라는 예언자가 처음 시작했고 유배 중에 편의상 제2이사야라고 일컬어지는 다른 예언자가 확장시킨 이 책을, 다시 한번 확장시켰습니다. 그러니 그 예언자의 고향이 어디이고 직업이 무엇인지 알려는 노력은 제2이사야의 경우와 마찬가지로 무의미합니다.

본문에서 시대와 장소를 추정해 볼 수는 있습니다. 저자는 예루살렘에 돌아와 있는 것으로 보입니다. 유배에서 돌아온 후 유다 공동체 내부의 여러 가지 상황이 본문에 나타납니다. 아직 성전 재건 작업은 완료되지 않은 상태입니다. 그러니 대부분의 본문은 유배에서 돌아온 기원전 538년부터 기원전 520년 정도에 작성되었다고 추정할 수 있습니다. 이렇게 연대를 비교적 정확히 알 수 있으니, 그 시대 상황은 성경의 다른 책들을 통해서도 알아볼 수 있습니다.

귀향 후의 연대표

기원전 539-538년	바빌론 멸망, 키루스 칙령
	세스바차르와 첫 집단의 귀환
기원전 520-518년	즈루빠벨과 예수아 집단의 귀환
	하까이와 즈카르야 예언자 활동
기원전 515년	성전 재건

유배에서 돌아온 이들

제2이사야는 유배 중인 이스라엘에게 하느님의 위로를, 구원의 기쁜 소식을 선포했습니다. 복역 기간이 끝났다고(40,2),

그러니 바빌론을 떠나 나오라고(52,11) 재촉했습니다. 하느님은 광야에 길을 내고 사막에 강을 내시는 분이며(43,19), 유배지에서 고향으로 돌아가는 길에서는 이집트 탈출 때보다 더 놀라운 광경이 벌어지리라고 말했습니다. "예전의 일들을 기억하지 말고 옛날의 일들을 생각하지 마라. 보라, 내가 새 일을 하려 한다"(43,18-19). 사람들은 오랜 유배 생활에 지쳐 구원의 약속을 믿기 어려워했고 그냥 바빌론 땅에 눌러앉으려고도 했지만, 적어도 예언자는 그들에게 힘을 내라고 말하며 하느님의 구원 능력을 선포했습니다. 그리고 드디어 기원전 538년에 키루스는 칙령을 반포했고 이스라엘은 유배에서 풀려났습니다.

그러나…. 유배에서 돌아와 보니 상황은 너무 어려웠습니다. 성전과 도성이 무너지고 사회가 깨진 채로 50년이 지났으니, 유배를 갔던 이들도 그 땅에 남아 있던 이들도 모두 살기가 어려웠을 것입니다. 하까이서에는 유배에서 돌아온 이들이 곧바로 성전을 짓지 못한 이유가 나옵니다. 사람들은 "주님의 집을 지을 때가 되지 않았다"(하까 1,2)고 합니다. 가뭄과 기근이 이어졌고(하까 1,9-10) 백성은 살기에 바빴습니다. 그

중에서도 가난한 사람들은 곡식을 얻기 위해서, 그리고 임금에게 낼 세금을 마련하기 위해서 밭과 집과 포도원을 저당 잡히고, 그 빚을 갚지 못해 동족의 종이 됩니다(느헤 5,1-5).

도성을 재건하는 데에도 많은 어려움이 따릅니다. 예루살렘에 돌아와서 성벽을 보수하다 보니 방해도 많고 일은 끝이 없었습니다. 사람들은 "짐꾼의 힘은 다해 가는데 잔해들은 많기만 하구나. 우리 힘으로는 이 성벽을 쌓지 못하리라"(느헤 4,4)고 탄식합니다. 지친 것입니다. 기가 꺾였습니다. 예언자가 선포했던 구원이 과연 이것이었던가? 아니면, 그가 선포했던 구원은 헛된 약속이었던가?

"주님의 손이 짧아"(59,1)

'잘 되면 내 탓, 못 되면 조상 탓'이라던가요. 이 상황에서 이스라엘은 하느님의 능력을 의심합니다. 주님의 손이 짧아서 구해 내지 못하시는 것이 아닌가? 주님의 귀가 어두워 듣지 못하시는 것이 아닌가?(59,1 참조) 하느님은 약속을 하시지만 그 약속을 실현할 능력은 가지지 못한 것처럼 보입니다.

성경에서 '손'은 그 자체로도 힘의 상징입니다. 특히 '강한 손' 또는 '강한 손과 뻗은 팔'은 하느님의 능력을 지칭하여 탈출기(탈출 3,19; 6,1; 13,3 등)와 신명기(신명 4,34; 5,15; 7,19 등)에서 자주 사용되는 표현입니다. 그러니 주님의 손은 이스라엘을 이집트 땅 종살이하던 집에서 끌어내신 강한 능력을 나타냅니다. 그런데 지금 백성은, 혹시 그 손이 짧아서 이스라엘에게 닿지 못하는 것이 아닌가를 의심하고 있습니다. 이스라엘은 자신들이 체험해서 알고 있는 하느님이 그들을 파라오의 손에서(신명 7,8) 구해 내신 분임을 잊은 듯합니다.

주님의 귀가 어두워 듣지 못하신다는 말은, 아마도 이스라엘의 탄원이 그분의 귀에 들리지 않는다는 생각에서 나온 듯합니다. 유배 중에 "나의 길은 주님께 숨겨져 있고 나의 권리는 나의 하느님께서 못 보신 채 없어져 버린다"(40,27)고 탄식했던 것과 비슷합니다. 내 목소리가 작아서 안 들리는 것도 아니고 하느님의 귀가 어둡기 때문이라고, 문제는 하느님께 있다고 생각합니다.

그러나 예언자는 이런 생각이 틀렸다고 선언합니다. "보라, 주님의 손이 짧아 구해 내지 못하시는 것도 아니고 그분의 귀가 어두워 듣지 못하시는 것도 아니다"(59,1). 하느님께서는 그들의 소리를 들으셨고 그들의 처지를 알고 계십니다. 그리고 그들을 구원할 능력도 지니고 계십니다. 그런데 왜 구원은 이루어지지 않고 있을까요? 문제는 다른 편에 있습니다. 하느님 편이 아니라 인간 편에 있는 것입니다.

"너희 죄악이"(59,2)

예언자의 진단은 명백합니다. "오히려 너희 죄악이 너희와 너희 하느님 사이를 갈라놓았고 너희의 죄가 너희에게서 그분의 얼굴을 가리어 그분께서 듣지 않으신 것이다"(59,2).

이 죄악의 구체적인 내용은 59,3-4에서 열거될 것입니다. 손이 피로 더러워졌다는 것은 그들이 저지른 폭력 때문이고(59,6-7 참조), 입술로 말하는 속임수는 이어지는 문맥에서 알 수 있듯이 특히 법정에서의 거짓 증언을 가리킵니다. 아시다시피 거짓 증언은 십계명에 포함될 정도로(탈출 20,16) 중대한 문제였습니다. 거짓 증언은 무죄한 사람을 죽게 만들 수 있었습니다(다니 13장: 수산나의 예). 재판에도 진실과 정의가 없고,

약자의 권리를 지켜 주어야 할 재판이 악을 저지르는 수단이 됩니다.

하느님 앞에서 이러한 악들은 어떤 의미를 지닐까요? 그 죄악은 인간과 하느님 사이를 갈라놓습니다(59,2). 2절에 사용된 '갈라놓다'라는 단어는 창세기 1장에서 반복되는 단어이기도 하고(창세 1,4.6.7 등), 사제계 문헌에서 주로 사용되어 성聖과 속俗의 분리를 지칭합니다(레위 10,10 등). 성과 속은 공존할 수 없습니다. 속된 인간이 거룩하신 하느님을 접하면 죽습니다(6,5 참조). 거룩하신 하느님은 죄악을 저지르는 인간에게 머물러 계실 수 없기에, 이스라엘이 우상을 숭배하는 성전을 떠나가셨습니다(에제 10장 참조). 하느님의 거룩하심을 강조하는 에제키엘서에서 하느님은 이렇게 말씀하십니다. "나를 내 성전에서 멀어지게 하려고 이스라엘 집안이 여기에서 저지르는 이 몹시도 역겨운 짓들이 보이느냐?"(에제 8,6)

이제 답이 보일 것입니다. 인간의 죄악이 하느님을 떠나가게 합니다. 하느님의 팔이 짧아서 또는 귀가 멀어서 이스라엘에게 닿지 못하는 것이 아니라, 이스라엘 편에서 하느님과 담을 쌓은 것입니다. 하느님이 당신 얼굴을 감추시는 것이 아니라, 이스라엘이 자신들의 죄로 하느님의 얼굴을 가리고 있습니다(59,2). 그래서 그들에게는 평화가 있을 수 없습니다(59,8). 이것이 왜 구원이 이루어지지 않느냐고 묻는 이스라엘에게 제3이사야가 전해 주는 말씀입니다.

    그러면 이제 어떻게 해야 할까요? 이것은 이사야 예언서 제3부의 다른 본문들에서 드러날 것입니다. 하지만, 인간이 자연을 파괴하여 비가 오지 않는다면, 비를 내려 달라고 기도하기 전에 우리가 먼저 바뀌어야 합니다.

20

"주님을 따르는 이방인"(56,3)

이방인 문제, 성경에 자주 등장하지요? 구약에서는 특히 유배 후에 이 문제가 크게 제기됩니다. 느헤미야기는 이방인들을 배척하지만(느헤 13장), 요나서는 니네베인들이 구원되기를 바라시는 하느님을 보여 줍니다(요나 4장). 룻기에서는 배척받던 모압 여자가 하느님 백성으로 들어옵니다(룻 4장). 신약에서는 그리스도교 신앙을 받아들이는 이방인들이 생겨나면서 바오로 서간, 특히 로마서가 유다인들과 이방인들의 관계를 깊이 논합니다. 이방인들도 구원되는가? 이방인들 중에서도 원수였던 민족들은 어떻게 대해야 하는가? 이방인들이 하느님 백성으로, 교회 공동체로 들어올 수 있는가? 이 문제를 생각할 때 쉽게 잊어버리는 것이 있습니다. 우리가 이방인이라는 사실입니다. 이제 좀 다른 각도에서 이방인 문제를 생각해 봅시다. 우리는 이방인들을 받아들이는 이스라엘이 아니라, 하느님 백성으로 받아들여진 이방인들입니다.

"공정을 지키고 정의를 실천하여라"(56,1)

먼저 이스라엘에게서 시작합니다. 이사야 예언서 제3부에 나오는 하느님의 첫 말씀은 유배에서 돌아온 이들을 향한 것이었습니다. "너희는 공정을 지키고 정의를 실천하여라. 나의 구원이 가까이 왔고 나의 의로움이 곧 드러나리라"(56,1). 이 말씀은 이사야서 제3부의 핵심이라고 할 수 있습니다.

이것이 유배에서 돌아와 여러 어려움을 겪으면서 구원이 지체되는 이유를 물었던 이스라엘에게 주어지는 대답입니다. 주님의 손이 짧아서, 그분의 귀가 어두워서 구원하지 못하시는 것이 아닙니다(59,1). 구원은 가까이 와 있습니다. 말하자면, 구원은 바로 문 앞까지 와 있는데 이스라엘이 문을 막고 못 들어오게 하고 있다는 것입니다. 그 장벽을 허무는 것이 바로 정의와 공정입니다.

'정의와 공정'은 사실 이사야서 1장부터 되풀이하여 나타나는 주제입니다. '정의'와 '공정' 두 단어를 굳이 구별해 본다면 '정의'(처다카)는 '의로움'과 연관되고, 이사야서에서는 구원과도 연관됩니다. 인간을 구원하시는 하느님의 '의로움'이라는 측면 때문입니다. 한편 '공정'은 '재판, 심판, 법칙, 법'이라는 의미도 가진 단어입니다. 어쩌면 두 단어를 구별하는 것보다도 비슷한 의미를 지닌 두 단어를 함께 사용함으로써 더 강조하는 것으로 보입니다. '정의와 공정'이 거의 매번 함께 사용되는 것을 보면 이에 대한 관심이 이사야서의 신학적 특징이라고도 말할 수 있겠습니다.

되짚어 보면, 과거에 예루살렘은 충실한 도성이었고 "공정이 가득하고 정의가 그 안에 깃들어 있었는데", 그 정의와 공정을 잃어버리고 "창녀"가 되었습니다(1,21). 이에 대하여 심판을 선고하는 것이 이사야 예언서 제1부였습니다. 하느님은 "공정을 줄자로, 정의를 저울로"(28,17) 삼아 시온을 심판하시고, 그 정의와 공정으로 예루살렘을 구원하실 것입니다. "시온은 공정으로 구원을 받고 그곳의 회개한 이들은 정의로 구원을 받으리라"(1,27). 잠깐 다른 설명을 한다면, 1,27의 경우 '공정'보다 '심판'으로 해석하는 것이 좋다고 보는 이들도 있습니다. 하느님께서 예루살렘을 심판하심으로써 예루살렘이 구원에 이르게 된다고 해석하는 것입니다. 이사야 예언서 제1부에서는 메시아 임금도 정의와 공정으로 통치할 것이라고 예고합니다(9,6; 11,4).

이사야 예언서 제3부에 이르면 이미 그 심판은 이루어졌습니다. 40장에서 이미 죗값은 치러졌다고 말했었지요. 이제는 새 출발을 해야 합니다. 정의와 공정을 실천하지 않아 정의와 공정으로 심판받은 이스라엘에게, 구원의 길도 역시 정의와 공정입니다. 먼저 56,1에서 말하는 것은 인간이 실천해야 할 정의와 공정입니다. "행복하여라, 이를 실천하는 사람!"(56,2) 그런 사람에게는 구원이 이루어질 것입니다.

한편 59,9.11에서는 이렇게 하느님께서 베풀어 주시는 구원을 가리켜 '정의와 공정'이라는 같은 표현을 사용합니다. 폭력과 불의를 저지르며 살아가는 이들에게, 정의와 공정은 그들로부터 멀리 있고 그들에게 미치지 못합니다. 빛을 바라고 공정을 바라고 구원을 바라지만, 모두 그들에게서 멀리 있을 뿐입니다. 정의와 공정을 실천하지 않는 이들에게 하느님의 정의와 공정은 실현될 수 없다는 말입니다.

빛을 원한다고 말하면서도 동굴 속으로 들어간다면 어떻게 될까요? 정의를 원한다고 하면서 불의에 머물고 있다면 어떨까요? 그 사람이 빛을, 정의를 누릴 수 있을까요? 제3이사야는 아니라고 말합니다. 하느님의 구원이 실현되기를 원한다면 인간 편에서 그 구원을 향해 문을 열어 놓아야 합니다. 그것이 인간에게 요구되는 정의와 공정입니다.

"주님을 따르는 이방인"(56,3)

이 시점에서 이방인 문제가 제기됩니다. 이스라엘이라고 해서 모두 구원되고 다른 민족들이라고 해서 모두 멸망하는 것이 아니라면, 이스라엘이라 하더라도 정의와 공정을 실천하는 사람은 구원되고 그렇지 않은 사람은 구원되지 못한다면(65,8-16 참조), 그렇다면 이방인이라도 정의와 공정을 실천하는 사람은 구원될 수 있다는 의미입니다.

"주님을 따르는 이방인"이라는 표현은 이러한 위치에 있는 이들을 가리킵니다. 핏줄로는 유다인이 아닌데 유다교로 개종한 이들이지요. 유배에서 돌아온 이스라엘은 특히 에즈라-느헤미야 시대를 거치면서(기원전 5세기) 자신들의 민족적·종교적 정체성을 확립하는 데에 큰 노력을 기울였습니다. 이방 여인들과 결혼해서 살고 있던 유다인들이 그 여인들을 쫓아내기까지 했지요. 이유는 있었습니다. 자신들의 신앙을 순수하게 보존하지 않는다면 다시 멸망하고 이민족들의 지배를 받게 되리라는 생각 때문이었습니다. 왕국이 무너지고 유배를 갔다가 50년 만에 돌아왔으니, 한편으로는 국수주의적으로까지 기우는 열성이 일어났던 것도 그들 나름대로는 이유가 있었을 것입니다.

요나서의 주인공 요나가 이 시대 이스라엘인들의 태도를 대표하는 인물입니다. 요나는 니네베 사람들의 구원에 관심이 없었습니다. 하느님이 니네베를 멸망시키지 않으실 줄을 알았기에(요나 4,1) 하느님의 도구가 되고 싶지 않았고 그래서 하느님을 피해 도망갔던 요나에게 하느님은, "오른쪽과 왼쪽을 가릴 줄도 모르는 사람이 십이만 명이나 있고, 또 수많은 짐승이 있는 이 커다란 성읍 니네베를 내가 어찌 동정하지 않을 수 있겠느냐?"(요나 4,11)고 말씀하십니다. 하느님은 그들도 구원하고자 하신다는 뜻입니다.

56장에서도 하느님은 이방인들의 구원을 바라십니다. 이방인은 "주님께서는 나를 반드시 당신 백성에게서 떼어 버리시리라"(56,3)고 말할 필요가 없습니다. 하느님은 그들을 떼어 버리지 않으십니다(느헤 13,3과 대조). 이스라엘인이면서도 전례에 참여할 수 없었던 고자도 마찬가지입니다(신명 23,2 참조). 그들은 후손을 남기지 못해도 성전에("나의 집과 나의 울 안에": 56,5) 기념비가 남을 것입니다. 이방인이거나 고자라 하더라도, 그들이 "주님을 섬기고 주님의 이름을 사랑하며 주님의 종이 되려고"(56,6) 한다면, 그들은 주님의 종이 됩니다.

"나의 종들은"(65,13)

주님의 종(들). 우리말에서는 단수와 복수를 굳이 구별해서 쓰지 않는 경우가 많지만, 이사야서에서 '종'과 '종들'은 각각 매우 중요한 의미를 갖습니다.

이사야 예언서 제2부에서는 "주님의 종"이 있었습니다('주님의 종'의 노래 참조). 그 종은 죽었습니다(53,8). 하지만 그의 죽음은 헛되지 않았고, 그의 뒤를 이어 '종들'이 나타나기 시작합니다(54,17). 이어서 제3부에서는 여러 차례 "주님의 종들"이 나타납니다. 주님의 종의 넷째 노래에서는 "그가 자신을 속죄 제물로 내놓으면 그는 후손을 보며 오래 살고 그를 통하여 주님의 뜻이 이루어지리라"(53,10)라고 예고했었지요. 이 '종들'은 '종'의 후손이라고도 말할 수 있습니다. 이들은 하느님의 충실한 백성이고, 구원될 이들이며(65,8-16), 주님의 종의 뒤를 잇는 이들이라고 말할 수 있습니다.

그런데 56장에 따르면, 이방인들도 그런 주님의 종들이 됩니다. 그들이 정의와 공정을 실천한다면, 주님을 따른다면 그들은 하느님 백성으로 받아들여집니다. 그들이 하느님의 거룩한 산 시온으로 모여와 하느님께 제사를 바칠 것이고, 1장에서 제물과 분향 연기를 역겨워하시던 하느님은(1,10-17) 번제물과 희생 제물을 기꺼이 받아들이실 것입니다(56,7). 하느님의 성전은 "모든 민족들을 위한 기도의 집"(56,7)이 될 것입니다.

이렇게 해서 우리도 주님의 백성에 들어갈 수 있게 됩니다. 우리가 유다인이 아니어도, 주님을 섬기고 사랑하고자 한다면 하느님은 우리를 당신 집으로 초대해 주십니다. 어느 누구도 하느님께 나를 당신 백성에게서 떼어 버리시리라고 말할 수 없습니다. 누가 하느님의 집에서 우리를 배척하려 할지라도, 그 집의 주인이신 하느님은 흩어 버리는 분이 아니라 사람들을 모아들이는(56,8) 분이십니다. 그분은 당신 집이 "모든 민족들을 위한 기도의 집"(56,7)이 되기를 바라십니다.

> 이방 민족들이 하느님의 백성에 들어오게 되어도, "모든 민족들을 위한 기도의 집"이 자리하고 있는 예루살렘은 그 중요성을 잃지 않습니다. 신약성경에서는 바오로 사도가 이방인과 이스라엘의 관계에 대해 논의를 활발하게 펼칩니다. 이방인의 사도인 바오로는 이방인들을 교회 안에 받아들이는 데에 큰 역할을 했습니다. 하지만 그는 이스라엘이 변함없이 하느님의 사랑을 받고 있음을 잊지 않습니다. "하느님의 은사와 소명은 철회될 수 없는 것이기 때문입니다"(로마 11,29).

21

"내가 좋아하는 단식은"(58,6)

어느 해인가 대림 시기에 예수님의 성탄을 준비하며, 공동체가 몇 가지 약속을 정하고 특별히 노력하기로 한 적이 있습니다. 그 중 하나가 기도 시간에 늦지 말자는 것이었습니다. 약속은 했지만 크게 달라진 것은 없었습니다. 화가 났습니다. '약속은 뭐하러 하는 거야!' 한참 화를 내다 보니, 우리가 한 또 다른 약속이 떠올랐습니다. 화를 내지 않기로 한 것이었습니다. 아…! 이사야서 58장이 생각났습니다. 하느님이 바라신 것은 무엇이었을까요?

"저희가 단식하는데 왜 보아 주지 않으십니까?"(58,3)

정의와 공정을 실천하라고 설교하는 이사야 예언서 제3부에서, 58장은 특히 단식을 주제로 합니다. 참된 단식, 이 주제는 예언서들에서 고전적으로 등장하는 주제이기도 합니다.

예전부터 그래 왔듯이, 유배에서 돌아온 후 이스라엘 공동체도 어떻게 하면 하느님을 기쁘게 해 드리고 그분의 은혜를 얻을 수 있을까 고민했습니다. 많은 이가 안식일과 단식으로 하느님의 은혜를 얻으려 합니다. 더구나 성전이 무너지고 없기 때문에 제사를 바칠 수가 없게 된 상황에서는, 그를 대신하는 단식과 같은 신심 행위들이 과거보다 더 큰 중요성을 띠게 됩니다. 단식일이라는 것은 하느님의 은혜를 얻기 위해 자신을 낮추고 희생을 하는 날이었습니다. 그러나 예언자는 이런 신심 행위만으로 하느님의 마음에 들 수 있는 것이 아니며, 하느님의 구원과 은혜는 오직 정의를 실천하고 이웃을 사랑함으로써만 얻을 수 있다고 역설합니다.

이스라엘이 유배에서 돌아왔을 때 온 땅은 폐허가 되어 있었습니다. 그 상황에서 백성은 (적어도 그 일부는) 하느님이 그들에게 관심을 기울여 주시기를 간절히 바랍니다. "저희가 단식하는데 왜 보아 주지 않으십니까?" 내가 이만큼 단식하고 기도하고 있으니, 하느님이 우리를 보아 주시고 우리의 처지를 알아주셔야 한다는 것입니다.

이런 질문을 하는 이유가 이기적인 마음 때문이었는지 아니면 진실로 하느님을 찾는 것이었는지는 분명치 않습니다. "그들은 마치 정의를 실천하고 자기 하느님의 공정을 저버리지 않는 민족인 양…"(58,2)이라는 표현은, 실제로는 그렇지 않다는 뜻일 수도 있기 때문입니다. 이 마지막 인용문에서 정의와 공정이라는 두 단어가 눈에 들어오지요? 이 두 단어가 56-66장의 핵심 열쇠였습니다. 이스라엘 백성은 안식일을 지키고 단식도 꼬박꼬박 하지만, 정말로 하느님이 바라시는 정의와 공정은(56,1) 실천하지 않습니다. 이 백성은 하느님을 기쁘게 해 드리기 위해서든 아니면 순전히 자신이 구원을 받기 위해서든 하느님께 가까이 가고 있지만, 정의와 공정을 위한 노력은 하고 있지 않습니다. 이것이 다음 구절들을 이해하기 위한 열쇠가 됩니다.

"너희 단식일에 제 일만 찾고"(58,3)

단식을 하는데 하느님이 보아 주지 않으신다고 불평을 하는 것은, 단식일이 하느님을 기쁘게 해 드리기 위해 가장 중요한 행위들 가운데 하나라는 생각을 전제합니다. 그런데, 사람들은 단식일을 여럿 만들고 있지만 하느님께서는 쳐다보지도 않으십니다. 그래서 이런 질문이 나옵니다. "저희가 단식하는데 왜 보아 주지 않으십니까?" 이 질문에는 불만이 가득 들어 있습니다. 그리고 바로 이 질문이 하느님의 진노를 불러일으킵니다. 그래서 갑자기, 도입 구절도 없이 하느님의 말씀이 – 하느님의 고발이 – 쏟아져 나옵니다.

하느님께서 응답하시지 않는 이유는 이기심, 탐욕, 그리고 사람들 사이의 다툼에 있습니다(58,3-4). "너희는 너희 단식일에 제 일만 찾고"라는 첫 마디에서 이미 하느님의 질타가 느껴집니다. 축제일이나 안식일, 단식일은 하느님의 날입니다. 전형적인 표현은 "너희는 나의 안식일을 지켜야 한다"(레위 19,3)입니다. 그런데 여기서 하느님은 단식일이 당신의 것이 아니라 "너희 단식일"이 되었다고 말씀하십니다. 단식을 하는 것도 오직 자신을 위해서이고, 그 단식일에 하느님의 뜻에 합당하게 살아가지도 않습니다. 단식을 하면서도 자신들의 이익을 추구하는 일을 계속하고, 일꾼들에게 가혹하게 일을 강요합니다. 다툼과 분쟁을 계속하고, 폭력도 사용하면서 동시에 단식을 합니다. 그들은 아버지이신 하느님을 공경한다고 하면서 그들의 형제인 이웃을 괴롭힙니다.

58,5-7에서는 단식과 함께 행하는 고행에 대해서도 고발합니다. 무의미한 이런 행위들을 보시며 하느님께서는, 진정한 단식은 이웃을 향한 행위여야 한다고 말씀하십니다.

"불의한 결박을 풀어 주고"(58,6)

하느님께서 좋아하시는 단식을 설명하는 6절에서는 자유와 연관된 네 가지 표현이 나옵니다. "불의한 결박을 풀어 주고 멍에 줄을 끌러 주는 것, 억압받는 이들을 자유롭게 내보내고 모든 멍에를 부수어 버리는 것"(58,6).

여기서는 비유적인 표현들이 사용되기 때문에 그 구체적인 의미를 아주 정확히 밝히기에는 어려움이 있습니다. 비슷한 단어들을 반복하는 것을 보면 하나씩 그 의미를 파헤치기보다 전반적으로 조금 넓게 해석해도 될 듯합니다. 자유, 해방이라는 주제가 이 절 전체의 핵심이기는 하지만, 그것이 꼭 감옥에서 석방시킨다는 의미로 보아야 하는 것은 아닌 듯합니다. 본문은 감옥을 지칭하는 구체적이고 특수한 단어들을 사용하지 않습니다.

사슬, 결박, 멍에라는 것은 꼭 감옥에 사람을 물리적으로 묶어 놓는 것만이 아니라 가난한 이들을 압박하는 불법적인 계약, 이자, 돈놀이 등을 가리킬 수도 있습니다. 당시의 어려운 상황을 생각한다면, 저자(예언자)는 경제·정치·사회·종교적인 온갖 억압을 종식시키기를 요구한다고 말할 수 있을 것입니다.

아마도, 유배 체험이 영향을 미쳤을 수도 있을 것입니다. 키루스 칙령을 통해 바빌론 유배에서 풀려난 후, 유다인들이 바빌론인들이 했던 것과 같은 행동을 동족에게 하고 있다면 어찌해야 하겠습니까? 이집트 탈출 후에 약속의 땅으로 들어온 이들이 이집트 땅 종살이를 기억하며 이방인들을 받아들여야 했듯이(신명 24,18 참조), 바빌론에서의 체험은 다른 이들을 어떤 식으로도 억압하지 않도록 하는 역할을 해야 했습니다. 그러나 느헤미야기에서 보듯이 당시의 실정은 그렇지 못했습니다. 돈놀이를 하고, 가난한 사람들을 더 가난하게 만드는 유다인들을 보고 느헤미야는 이렇게 말합니다. "여러분은 서로 돈놀이를 하고 있군요. … 우리는 이민족들에게 팔려 간 유다인 동포들을 우리 힘이 닿는대로 도로 사 왔습니다. 그런데 여러분은 여러분의 동포들을 팔아먹고 있습니다. 그러면서 우리더러 도로 사 오라는 말입니까?"(느헤 5,7-8) 동족을 억압하는 이들에게 하느님도 그렇게 말씀하고 싶으셨을 것입니다.

"네 양식을 굶주린 이와 함께 나누고"(58,7)

이렇게 6절이 '억압받는 이들'에 대해 말했다면, 7절은 '굶주린 이들, 집이 없고 입을 것이 없는 가난한 이들'에 대해 말합니다. 그들과 음식, 집, 옷을 함께 나누는 것이 하느님께서 당신 백성에게 바라시는 일입니다.

7절의 마지막 구절, "네 혈육을 피하여 숨지 않는 것"이라는 말은 그러한 요구들을 요약해 줍니다. 여기에서 "네 혈육"이라고 번역된 말을 글자 그대로 옮긴다면 '너의 살, 너 자신의 살'이 됩니다. 물론 히브리어에서 이 단어는 일반적으로 친족을 지칭하여 사용되지만, 저자는 간접적으로 불의의 근본적인 원인을 드러내 보입니다. 고통받는 이와 하나가 되지 못하는 것, 그를 '내 살'이라고 느끼지 못하는 것, 그의 굶주림과 헐벗음과 가난함을 나 자신의 것으로 느끼지 못하는 것, 그것을 나 자신의 문제로 인식하지 못하는 것, 그저 사회 문제에 관한 통계 자료처럼 생각하는 것. 예언자는 이를 개탄합니다. 가난한 이웃의 고통은 바로 너의 고통이어야 한다는 것입니다. 고통받는 이웃은 '너의 살'이어야 합니다.

이렇게 해서 6-7절은 주님께서 바라시는 단식을, 고행의 날에 실천해야 할 행위를 말해 줍니다. 그럼 단식은 하지 말까요? 글쎄요, 이것은 이사야서 58장에 던질 질문이 아닌 것 같습니다. 예언자는 단식을 할 것인지 말 것인지에 초점을 맞추고 있지 않습니다. 그가 말하고자 하는 것은, 형식적인 단식이 아니라 불의하게 억눌린 이들을 풀어 주고 굶주리고 헐벗은 이들에게 자신의 것을 나누어 준다면, 하느님이 반드시 응답하시리라는 것입니다. "그때 네가 부르면 주님께서 대답해 주시고 네가 부르짖으면 '나 여기 있다' 하고 말씀해 주시리라"(58,9).

그리고 이러한 삶을 통해, 이스라엘이 다시 세워질 것입니다. 그래서 정의와 공정을 실천하는 이들은 곧 성벽을 고쳐 쌓고 거리를 복구하는 이들이라고 일컬어집니다(58,12). 무너진 공동체를 일으키는 것은 건물을 다시 짓는 일만이 아니라 하느님의 뜻에 따른 새로운 삶으로 이루어집니다.

신약성경에서 예수님도 "너희는 단식할 때에 위선자들처럼 침통한 표정을 짓지 마라. 그들은 단식한다는 것을 사람들에게 드러내 보이려고 얼굴을 찌푸린다. … 그들은 자기들이 받을 상을 이미 받았다"(마태 6,16)고 말씀하시지요. 숨은 일도 보시는 하느님께서 갚아 주시는 단식은 어떤 단식인지(마태 6,18), 예수님 이전에 예언자들이 이미 말해 주었습니다. 하느님이 응답하지 않으신다면 그것은 정의와 공정이 없기 때문입니다. 정의와 공정을 실천하지 않으면서 하느님이 정의롭고 공정한 세상을 만들어 주시기만 바랄 수는 없습니다. 오늘의 세상에서도 다르지 않습니다.

22

"일어나 비추어라. 너의 빛이 왔다"(60,1)

언젠가 한 학생이 박사 논문을 발표했습니다. 주제는 이사야 예언서 제2부와 시편의 일부 본문에 나타난 이스라엘의 선교 사명이었습니다. 내용을 상상할 수는 있지만 기억하지는 못합니다. 그런데 심사를 하던 한 분이 질문을 하였습니다. 이스라엘이 바빌론에 유배를 갔을 때, 바빌론 사람들이 개종을 했느냐는 것이었습니다. 질문이 너무 황당하다고 생각했습니다. 하지만 시간이 지나고 보니 어쩌면 그 질문이 핵심을 찌른 것일 수도 있겠다는 생각이 듭니다. 이스라엘의 선교 사명이라는 것이 무엇인지, 그것부터 다시 생각해야 하기 때문입니다. 이번 장에서는 특히 이사야 예언서 제3부에서 예루살렘이 다른 민족들을 향해 어떤 역할을 해야 하는지 생각해 보겠습니다.

"나는 너를 민족들의 빛으로 세운다"(49,6)

다른 민족들에 대한 사명은 이사야 예언서 제2부, 주님의 종의 노래에서도 나타납니다. 주님의 종의 둘째 노래에서 주님께서는 당신이 택하신 종에게, "네가 나의 종이 되어 야곱의 지파들을 다시 일으키고 이스라엘의 생존자들을 돌아오게 하는 것만으로는 충분하지 않다. 나의 구원이 땅끝까지 다다르도록 나는 너를 민족들의 빛으로 세운다"(49,6)고 말씀하십니다. 앞서 보았던 것처럼 이 노래에서는 "너는 나의 종이다. 이스라엘아"(49,3)라고 하니, 이 본문에서 종은 충실한 이스라엘이라고 해 둡시다. 그렇다면 이 노래에서 이스라엘은 세상의 다른 민족들에게 빛이 되어야 하는 사명을 갖고 있습니다.

그러면 어떻게 해야 할까요? 다른 민족들이 쳐다볼 만한 위대한 업적을 이루어 열심히 빛을 발해야 할까요? 그런데 우리는 주님의 종이 그렇게 대단한 성과를 거두지 못했다는 것을 알고 있습니다. 그는 자신이 쓸데없이 고생만 했다고 생각했고(49,4), 모욕과 수모를 당했으며(50,6), 죽임을 당해 묻히기까지 했습니다(53,8). 그런 종이 민족들의 빛이 될 수 있을까요? 그의 사명이 민족들을 비추는 것이라고 말할 수 있을까요? 주님의 종이 열심히 선교 사업을 해서 바빌론 사람들을 개종시켰을까요? 그건 아닐 듯합니다.

주님의 종의 둘째 노래에 머물면서 힌트가 없는지 되짚어 봅니다. 어쩌면, "나의 구원"(49,6)이라는 말이 실마리가 될지도 모르겠습니다. 주님의 종은 "심한 멸시를 받는 이, 민족들에게 경멸을 받는 이, 지배자들의 종이 된 이"(49,7)입니다. 그런데도 임금들이 일어서고 제후들이 엎드리는 것은 "신실한 주, 너를 선택한 이스라엘의 거룩한 분 때문"(49,7)입니다. 이스라엘 때문이 아니라는 뜻입니다. 이스라엘이 어떤 일을 해서가 아니라 하느님이 어떤 일을 하시기 때문에 임금들이 경배합니다.

"일어나 비추어라"(60,1)

이사야 예언서 제3부(56-66장) 중에서, 60-62장은 더 이른 시기에 형성된 부분이라고 봅니다. 여기서는 귀향 후의 예루살렘을 향한 여러 표현이 나타납니다. 그 대표적인 본문이 60장과 62장입니다. 여기에서는 예루살렘을 향하여, 앞서 주님의 종에게 했던 말과 유사한 말을 합니다. "일어나 비추어라. 너의 빛이 왔다"(60,1).

이 말을 듣는 예루살렘의 처지는, 유배에서 돌아온 이들의 상황과 같았습니다. '이미 그러나 아직 아니'라고 말할 수 있겠습니다. 완전히 멸망했던 그 땅에, 유배 갔던 이들이 돌아옵니다. 구원의 때인 것은 분명합니다. 그러나 아직 완성은 아니었습니다. 폐허, 빈곤, 분열, 침략과 같은 어려움은 계속 있었습니다. 바빌론을 멸망시킨 페르시아의 입장에서 본다면 유다는 대수롭지 않은 작은 변두리 지역에 불과했습니다. 예루살렘에 성전을 다시 짓고 성벽을 쌓았다 해도, 대단한 힘을 가지고 페르시아에 맞서 일어날 만한 세력으로는 보이지 않았을 것입니다. 그런 예루살렘이 어떻게 일어나서 다른 민족들을 비출 수 있을까요?

그런데 여기에서도, 앞서 나왔던 "나의 구원"과 비슷한 표현이 눈에 띕니다. "일어나 비추어라. 너의 빛이 왔다. 주님의 영광이 네 위에 떠올랐다"(60,1). "너의 빛"은 예루살렘이 스스로 만들어 내야 하는 빛이 아닙니다. 그 빛은 예루살렘에게 '옵니다.' 예루살렘은 그 빛을 받습니다. 예루살렘 위에 떠오르는 그 빛은 "주님의 영광"입니다. 온 세상이 어두울 때에도 예루살렘 위에는 하느님의 영광이 비칩니다(60,2). 어두운 무대 위에 많은 사람이 올라가 있을 때 한 점에 스포트라이트를 비춘다면, 그 자리에 있는 사람이 우리 눈에 보이는 것은 그 사람이 빛을 발하기 때문이 아니라 어둠 속에서 빛이 그 사람만을 비추기 때문이지요. 그 빛이 왔기 때문에 예루살렘은 빛을 비출 수 있습니다. 그래서 흩어졌던 이스라엘 백성이 모여들고 세상의 모든 민족도 모여듭니다.

이스라엘이 무슨 대단한 일을 했기 때문이 아니라, 주님이 예루살렘을 영화롭게 하셨기 때문입니다(60,9). 그래서 다른 민족들이 보게 되는 것은 궁극적으로 예루살렘이 아니라 그 예루살렘을 비추시는 하느님입니다. 예루살렘은 해처럼 스스로 빛을 내는 것이 아니라 달처럼 주님의 영광을 비춥니다. "주님께서 너에게 영원한 빛이 되어 주시고 너의 하느님께서 너의 영광이 되어 주시리라"(60,19).

"그분께서 예루살렘을 일으켜 세우시어"(62,7)

좀 더 구체적으로 들어가 봅시다. 주님은 예루살렘에게 무엇을 해 주시는 것일까요? 62장에서 예언자는, 하느님께서 예루살렘을 구원해 주실 때까지 잠잠히 있을 수가 없다고 말합니다(1절). 그리고 이 장에서 예루살렘의 구원은 여러 가지 새로운 이름으로 표현됩니다. "소박맞은 여인", "버림받은 여인"이라고 불리던 예루살렘은 "내 마음에 드는 여인", "혼인한 여인"이라고 불리게 될 것이고(62,4), "그리워 찾는 도성", "버림받지 않은 도성"이라 불리며 그 주민들은 "거룩한 백성", "주님의 구원을 받은 이들"이라 불리게 됩니다(62,12).

소박을 맞고 버림을 받았다는 것은 하느님과의 계약 관계가 단절되었음을 뜻합니다. 이스라엘의 역사에서는 유배가 바로 그 순간이었다고 말할 수 있습니다. "나는 너희 하느님이 되고 너희는 내 백성이 될 것이다"(예레 7,23)라는 말로 요약되는 하느님과 이스라엘의 계약은, 이스라엘의 불충실로 인하여 깨졌습니다. 이 상태에서 예언자는 가만히 있을 수가 없고(62,1), 다른 이들에게도 쉬지 말고 주님의 기억을 일깨우라고 말합니다(62,6). "그분께서 예루살렘을 일으켜 세우시어 세상에서 칭송을 받게 하시기까지"(62,7). 그리고 마침내 하느님은 그 예루살렘을 "내 마음에 드는 여인"이라 부르시며 그 땅을 아내로 맞아들이십니다(62,4). 이렇게 깨졌던 관계가 회복되고 하느님이 예루살렘을 일으켜 주실 때, 다른 민족들은 거기에서 하느님의 업적을 봅니다.

답이 나온 것 같습니다. 이스라엘이 세상의 빛이 되는 것, 이스라엘의 사명은 하느님이 예루살렘을 다시 일으켜 세우시는 데에 있습니다. 하느님이 어떤 분이시라고 이스라엘이 다른 민족들에게 열심히 말을 하면, 그들이 들을까요? 바빌론이, 페르시아가, 그런 말에 귀를 기울일까요?

이사야서에 따르면, 예루살렘이 해야 할 일은 업적을 세우고 누군가를 구원하는 것이 아니라 자신이 하느님께 구원되는 것입니다. 하느님이 이스라엘의 구원자라는 것을(60,16) 어떻게 증언할 수 있을까요? 간단합니다. 이스라엘은 하느님의 손에 구원됨으로써 그분이 누구신지를 세상에 보여 줍니다. 이것이 예루살렘의 사명입니다. 이사야 예언서 제2부에서 주님의 종이 지녔던 역할과 공통된 점이 있습니다. 예루살렘 자신은 멸망과 파괴를 겪어야 했습니다. 그 철저한 무력함 속에서 하느님께 구원되었고, 그럼으로써 하느님의 충실하심과 그분의 능력을 온 세상 앞에서 증언합니다.

"그들이 모두 모여 네게로 온다"(60,4)

이제 거의 결말에 다가왔습니다. 구원을 선포하는 책인 이사야서는 이 책에 담긴 모든 약속이 성취되는 때를 그려 보입니다. 이사야서에서 그 완성은 모든 민족이 시온으로 모여드는 것으로 표현됩니다. 2장에서도 보았던 장면입니다. 주님의 영광이 예루살렘을 비출 때, '민족들, 임금들'(60,3)이 그 빛을 향하여 모여듭니다. 흩어졌던 이스라엘의 후손들뿐만 아니라, '미디안과 에파, 스바'(60,6), '케다르, 느바욧'(60,7)까지, 세상 곳곳에서 사람들이 예루살렘을 향하여 옵니다. 예루살렘은 그 모습을 바라보며 기뻐합니다. "그들은 모두 스바에서 오면서 금과 유향을 가져와 주님께서 찬미받으실 일들을 알리리라"(60,6). 마태오 복음의 동방 박사들과 연결되는 단락이기도 합니다.

예루살렘과 유다에게, 아시리아와 바빌론에게, 온 땅에게 심판을 선고했던 이사야서는 이제 그러한 과정을 거쳐 이렇게 모든 이가 하느님을 알게 되고 그분을 섬기게 될 날을 선포합니다. 멸망했던 이스라엘의 회복을 통하여 하느님의 구원 업적이 모든 이의 눈앞에 펼쳐질 것이기 때문입니다.

"*주님께서 시온을 세우시고*
당신 영광 속에 나타나시어
헐벗은 이들의 기도에 몸을 돌리시고
그들의 기도를 업신여기지 않으시리라.
오는 세대를 위하여 이것이 글로 쓰여
다시 창조될 백성이 주님을 찬양하리라"(시편 102,17-19).

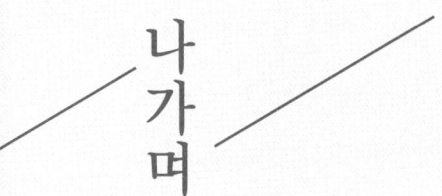

> "오늘 이 성경 말씀이
> 너희가 듣는 가운데에서 이루어졌다" (루카 4,21)

책을 왜 쓸까요? 읽으라고 씁니다. 개인적인 일기가 아니라면, 쓴 사람 혼자서만 간직해 두고 보기 위해서 책을 쓰지는 않습니다. 그러니 책을 쓴다는 것은 쓰는 사람 혼자만의 행위가 아니라 읽는 사람과 주고받는 행위입니다. 그럼 책을 왜 읽을까요? 단순히 지나간 시대, 지나간 일에 대한 관심 때문만은 아닙니다. 그 책이 지금 우리에게도 무언가를 말하고 있기 때문입니다. 예언서들도 마찬가지입니다.

"기록하여라" (하바 2,2)

본래 예언자들은 책을 쓰는 사람이 아니었습니다. 역사서에 행적이 전해지는 엘리야, 엘리사 같은 인물은 물론이고 자신의 이름으로 된 책을 가지고 있는 아모스 이후의 예언자들도, 그들 자신이 먼저 책을 쓴 경우는 드물었습니다. 그들은 우리에게 책을 남겨 주려 하기보다, 그 시대 사람들에게 하느님의 말씀을 전해 주려 했습니다. 예언자들은 구체적인 상황에서, 구체적인 사람들을 향해서 하느님의 말씀을 전했습니다.

그런데 드물게나마 예언자들이 자신의 말을 기록했다는 흔적이 남아 있는 경우가 있습니다. 대표적인 경우는 예레미야와 하바쿡입니다. 예레미야서에서 하느님은 예레미야에게, "두루마리를 가져와 내가 너에게 이른 말을 모두 적어라"(예레 36,2) 하고 말씀하십니다. 예레미야가 바룩에게 그 말을 받아 적게 합니다. 바룩이 전한 그 내용을 들은 이들은 여호야킴 임금에게까지 두루마리가 전해지게 하지만, 여호야킴은 그 말에 귀를 기울이지 않고 두루마리를 불태워 버립니다. 그러자 예레미야는 다른 두루마리에 다시 그 내용을 적습니다(예레 36,32). 이렇게 적는 까닭은, 자신이 하느님께 받은 말씀이 사라지지 않고 계속 남아 있게 하려는 것입니다. 이제는 그의 곁에서 말을 듣는 사람들만이 아니라 나중에 그 두루마리를 읽을 사람들을 생각하고 있는 것입니다.

하바쿡서에서는 하느님이 하바쿡에게 "너는 환시를 기록하여라"(하바 2,2) 하고 말씀하십니다. 하느님이 예언자에게 환시를 통하여 미래의 구원을 약속하시는데, 그 약속이 지금 즉시 실현되는 것이 아니기 때문입니다. 예언자는 그 실현을 기다려야 합니다. 그 환시가 정해진 때를 기다리고 있기에, 그것이 늦어지는 듯하더라도 예언자는 기다려야 하기에, 그 약속이 오고야 말 것이기에(하바 2,3) 하느님은 "누구나 막힘없이 읽어 갈 수 있도록 판에다 분명하게 써라"(하바 2,2) 하고 이르십니다. 그 일이 이루어질 때, 사람들은 그것이 하느님께서 이미 약속하신 것이었음을 판에 적힌 기록을 통해 확인할 수 있을 것입니다. 그래서 미래의 사람들을 위하여 지금 예언자가 받은 말씀을 보관해 둡니다.

이사야서에서도 이와 유사한 부분이 있습니다. "나는 이 증언 문서를 묶고 나의 제자들 앞에서 이 가르침을 봉인하리라. 그리고 주님을 기다리리라. 야곱 집안에서 당신 얼굴을 감추신 분 나는 그분을 고대하리라"(이사 8,16-17). 맥락은 비슷합니다. 이사야가 "제자들 앞에서" 가르침을 적고 봉인하는 것은, 그가 사람들에게 하느님의 말씀을 선포했지만 그 제자들이 아닌 다른 이들은 이사야의 말을 받아들이지 않았기 때문입니다.

그의 예언은 아직 성취되지 않았고, 그는 미래를 위한 "증언"으로 이 가르침을 적어 둡니다. 예레미야나 하바쿡과 마찬가지로, 그 말씀들이 언젠가 성취될 것이기 때문입니다. 봉인을 하면, 지금 그 자리에 있는 이들은 오히려 그 말씀을 볼 수 없게 됩니다. 이제 그 말씀은 미래의 세대를 위한 말씀이 됩니다. 지금은 열어 볼 수 없는 말씀이지만, 언젠가 그 예언이 이루어질 때에는 그가 선포한 것이 하느님의 말씀이었음을 확인하게 될 것입니다. 이사야는 아직 완성되지 않은 그 말씀을 간직하며 주님을 기다립니다. 말씀은 미래의 독자들을 위한 것이 됩니다.

"우리 하느님의 말씀은"(40,8)

이렇게 보존된 말씀을 다른 이들이 받아 읽습니다. 제2이사야, 제3이사야라고 일컬어지는 이들은, 말하자면 그들이 물려받은 두루마리를 펼쳐 본 사람이었습니다.

앞서 보았던 것처럼, 이사야 예언서 제2부는(40-55장) 하느님 말씀의 효력에 관한 내용으로 시작하고 끝납니다. 예언자는 유배 중의 이스라엘에게 구원의 기쁜 소식을 선포해야 하지만, 오랜 유배 생활로 희망을 잃은 사람들은 그의 말을 쉽게 받아들이지 못합니다. 어떻게 그들을 설득해야 할지 난처해하는 예언자에게 하느님은 말씀하십니다. "풀은 마르고 꽃은 시들지만 우리 하느님의 말씀은 영원히 서 있으리라"(40,8). 55장에서도 같은 내용이 반복됩니다. "내 입에서 나가는 나의 말도 나에게 헛되이 돌아오지 않고 반드시 내가 뜻하는 바를 이루며 내가 내린 사명을 완수하고야 만다"(55,11).

예언서를 후대에 확장시킨 이들은 이렇게 하느님의 말씀이 살아 있으며 영원히 서 있다는 것, 그 말씀이 반드시 성취된다는 것을 믿었습니다. 그래서 봉인된 두루마리를 펼치고, 불탄 두루마리를 다시 쓰고, 판에 새겨 둔 글을 확인했습니다. 수백 년이 지났어도, 예언자가 전했던 하느님의 말씀이 지금 그들을 향해서도 선포되고 있음을 알았습니다. 그래서 그들은 옛 두루마리를 자신들의 시대에 다시 해석했습니다.

1-39장에도 후대에 삽입된 장들이 있다는 점을 앞에서 보았지만(예를 들어 24-27장), 잠시 그 문제는 덮어 두겠습니다. 1-39장이라는 두루마리가 있었다고 할 때, 여기에 40-55장을 덧붙인 소위 제2이사야는 단순히 새로운 본문을 더 첨가하기만 한 것이 아닙니다. 그는 이러한 작업을 통하여 1-39장을 새롭게 해석하고 있습니다. 그는 과거의 예언자와 대화하며 1-55장이라는 하나의 책을 만들어 놓습니다. 기원전 8세기에 아모츠의 아들 이사야가 선포했던 심판의 선고를, 이미 그 심판이 이루어진 상황에서 다시 읽고 있는 것입니다. 이를 통해서 그 심판이 구원 역사의 한 부분임을 더 분명하게 알아봅니다. 또한 유배에서 돌아온 후에 제3이사야는 56-66장을 덧붙임으로써 다시 1-55장 전체를 해석합니다. 이제는 심판을 지나 회복을 향해 가고 있는 그 시대의 관점에서, 이사야서 전체를 하나의 책으로 완성하는 것입니다.

　우리는 이사야서를 처음 읽기 시작하면서 이사야서에 세 부분이 있다는 사실에서 출발했습니다. 그런데 근래에는 다시 이사야서를 하나의 책으로 바라보는 경향이 나타납니다. 물론 저자가 한 사람이라고 보는 것은 아닙니다. 오랜 편집

과정을 거친 이 본문들이 '하나의 책'을 이루고 있음에 주목하려는 것입니다. 여기서 중요한 역할을 하는 것이 최종 편집자입니다. 그 사람이 누구이든, 그 최종 편집자는 하나의 관점에서 이 책 전체를 해석했습니다. 그가 있었기에 이사야서는 '하나의 책'이 될 수 있었습니다. 기원전 8세기의 예언자에서 시작하여 여러 시대를 거치면서 첨가된 모든 부분이 그 최종 편집자와 대화하면서 하나의 책으로 엮입니다.

"오늘 이 성경 말씀이 … 이루어졌다"(루카 4,21)

그런데 여기에서 그치지 않습니다. 구약의 경계를 넘어 신약에 이르면, 루카 복음서에서 예수님은 나자렛 회당에 가시어 첫 설교를 하시면서 이사야 예언서의 두루마리를 받아 읽으십니다.

"두루마리가 그분께 건네졌다"(루카 4,17). 두루마리는 다시 펼쳐집니다. "주님께서 나에게 기름을 부어 주시니 … 가난한 이들에게 기쁜 소식을 전하고…"(루카 4,18). 이사야서 61장의 말씀입니다. 예수님은 이 말씀을 읽으시고는 그 자리에 있는 이들에게 선포하십니다. "오늘 이 성경 말씀이 너희가 듣는 가운데에서 이루어졌다"(루카 4,21). 예수님은 당신 자신과의 관계에서 이사야서를 해석하십니다. 그 책은 이 순간을 위한, 예수 그리스도 안에서 이루어지는 구원 약속의 실현을 위한 책이 됩니다.

저자가 책을 쓰지만, 그 책의 의미는 그것을 읽고 해석하는 독자와 대화하는 가운데에서 드러난다고 말합니다. 루카 복음은 우리에게 그 대화의 결정적인 순간을 보여 준 것입니다. 구약과 신약 전체를 성경으로 받아들이는 그리스도인들에게 이사야서를 완성하시는 분은 예수 그리스도이십니다. 임마누엘 예언을 읽으면서, 메시아 임금에 대한 예언을 읽으면서, 그리고 주님의 종의 노래들을 읽으면서 우리는 그러한 모습들을 찾아보았고, 루카 복음서에서 그 확증을 보게 됩니다. 예수님께서 이사야서의 말씀을 읽고 해석하심으로써 우리에게 그 책이 지닌 의미를 온전히 밝히십니다.

"그리스도인들에게 구약의 경륜 전체는 그리스도를 향한 움직임이다. 따라서, 구약을 그리스도에 비추어 읽는다면 소급적으로 이러한 움직임을 어느 정도 인식할 수 있다. 그러나 그것은 하나의 움직임이고 역사의 흐름을 따라 느리고 험난하게 나아가는 것이기 때문에, 하나하나의 사건과 본문은 그 길의 어느 특정한 시점에, 그 종착점으로부터 더 멀거나 또는 더 가까운 곳에 위치한다. 이들을 그리스도인의 시각에서 소급적으로 재해석한다는 것은 거기에서 그리스도를 향한 움직임과 그리스도와의 거리를, 그 예표와 차이를 동시에 인식함을 의미한다. 역으로, 신약은 구약에 비추어 읽을 때에만 온전하게 이해될 수 있다"

《그리스도교 성경 안의 유다 민족과 그 성서》, 제2부. 가. 6., 한국천주교중앙협의회, 2010).

이사야서 쉽게 읽기

서울대교구 인가: 2017년 12월 17일
초판 1쇄 펴낸날: 2018년 4월 16일
4쇄 펴낸날: 2023년 3월 30일
지은이: 안소근
펴낸이: 나현오
펴낸곳: 성서와함께
06910 서울특별시 동작구 흑석로13길 7
Tel: (02) 822-0125~7/ Fax: (02) 822-0128
http://www.withbible.com
e-mail: order@withbible.com
등록번호 14-44(1987년 11월 25일)

ⓒ 2018 안소근
성경 ⓒ 한국천주교중앙협의회

ISBN 978-89-7635-326-9   93230

* 이 책에 실린 내용은 펴낸이의 허가 없이 전재 및 복제할 수 없습니다.